**Comunicações mediúnicas
com a família Kennedy**

Rich Anders

Comunicações mediúnicas com a família Kennedy

A história da conspiração e da mal executada trama que levou à morte do presidente Kennedy, o sanguinário acobertamento dos fatos e muito mais narrado pelos espíritos dos seus protagonistas.

Editora Bodoni

Copyright © by Rich Anders, 2013
Título original: *Kennedy Saga*

1ª Edição | novembro de 2013

TRADUÇÃO
ROSANE LIMA PALHANO

PRODUÇÃO GRÁFICA DA CAPA
CRIATIVA COMUNICAÇÃO

DIREITOS DE PUBLICAÇÃO CEDIDOS PELO AUTOR À
EDITORA BODONI
CAIXA POSTAL 401
BRAGANÇA PAULISTA - SP - BRASIL
CEP - 12.914-970
FONE (11) 4063-3746
bodoni@hotmail.com.br

Nenhuma parte deste livro poderá ser reproduzida ou divulgada, sob qualquer forma ou de qualquer maneira, seja gráfica, eletrônica, mecânica, incluindo fotocópia, gravação em fita, seja por qualquer outro sistema de recuperação e armazenamento de dados de qualquer informação, sem a permissão, por escrito, da editora.

CIP-BRASIL. CATALOGAÇÃO NA FONTE

Anders, Rich, 1946 –

Comunicações mediúnicas com a família Kennedy / Rich Anders – 1ª edição
Bragança Paulista, SP : Bodoni. 2013.

152p.   16 x 23 cm

1. Kennedy, John F. 2. História dos Estados Unidos. I. Título II. Subtítulo.

CDD 973.9   CDU 94(73)

IMPRESSO NO BRASIL

PRINTED IN BRAZIL

Sumário

Agradecimentos, 7
Prefácio, 9
Introdução, 11

A história dos Kennedy
Jacqueline Kennedy/Bouvier, 19
John F. Kennedy, ex-presidente dos Estados Unidos, 37
John F. Kennedy Jr., 59

Participação secundária
Richard Nixon, 75
Frank Sinatra, 85
Contrato para matar, 93
Nikita Krushchev, 95
O acobertamento, 105
John Edgar Hoover, 107
Lyndon B. Johnson, 123
Robert Kennedy, 133

Epílogo, 147
Palavras finais, 149

Agradecimentos

John F. Kennedy solucionou a crise dos mísseis de Cuba. Sua decisão impediu uma guerra nuclear e uma provável extinção da humanidade. Por causa disso, ele perdeu a própria vida.

Jackie Kennedy estava no topo do mundo. Em um momento fatídico, as balas dos assassinos puseram fim a essa situação. As memórias traumáticas desse evento terrível permaneceram com ela pelo resto de sua vida. Mesmo assim, essa mulher corajosa conseguiu equilibrar-se e ser uma boa mãe para seus filhos. O destino colocou esse casal num situação de terrível dano e os dois pagaram um preço muito alto para que a programação de ambos fosse cumprida.

As circunstâncias que envolvem a morte do presidente Kennedy nunca vieram a público. Somente as comunicações com as pessoas envolvidas nesse cenário revelaram os nomes dos participantes da conspiração.

O primeiro-ministro soviético Nikita Krushchev procurava vingança por seu recuo embaraçoso na crise dos mísseis de Cuba. Fidel Castro estava muito ansioso para agradar os soviéticos, quando emissários do KGB[1] lhe revelaram que Krushchev queria que o presidente Kennedy fosse assassinado. Sua conexão com a máfia americana fez com que as pessoas que tinham motivo e oportunidade planejassem o assassinato.

Edgar Hoover, Robert Kennedy e Lyndon Johnson se depararam com a situação mais aterrorizadora que qualquer pessoa no mais alto escalão de um governo poderia enfrentar. A sabedoria e a coragem deles, possivelmente, salvaram a nação e o mundo de uma guerra nuclear, evitando a extinção da vida neste planeta.

Este livro, dedicado ao presidente Kennedy e à sua esposa, também reconhece a grandeza desses três homens que tomaram as decisões certas, a despeito dos interesses pessoais e da dor que o fato provocou em suas vidas.

---

[1] Comitê de Segurança de Estado, órgão do serviço secreto da União Soviética.

Prefácio

O assassinato do presidente Kennedy foi o fato mais traumático que os Estados Unidos vivenciaram. Foi também o fato mais perigoso, não somente para a paz no mundo, mas também para a continuação da vida no planeta. Se as circunstâncias e os acontecimentos que explicam esses fatos tivessem sido revelados ao público, uma guerra nuclear teria sido a consequência mais provável.

O presidente Kennedy impediu uma guerra nuclear quando decidiu não invadir Cuba. Sua morte, porém, poderia facilmente ter provocado uma situação que ele tanto trabalhou para evitar. Alguns envolvidos em sua morte tiveram que garantir que isto não aconteceria. Essas pessoas permaneceram em silêncio por todos esses anos. O segredo foi mantido, e isso possibilitou que não houvesse nenhum confronto nuclear entre as duas superpotências daquela época.

Os tempos mudaram drasticamente: União Soviética não existe mais; ameaça de uma confrontação nuclear entre as duas grandes nações dissipou-se. Ainda assim, o segredo sobre as circunstâncias da morte do presidente Kennedy permanece encoberto.

Três homens foram confrontados com o cenário mais horrendo que qualquer funcionário pertencente ao mais alto escalão de um governo poderia imaginar: uma conspiração para assassinar o presidente e o que fazer sobre isso. Edgar J. Hoover descobriu a trama; Lyndon B. Johnson teve que tomar a decisão final e Robert Kennedy teve que concretizar as decisões tomadas. Esses homens tiveram a coragem e o discernimento para tomar a decisão certa, tiveram a determinação e a força de caráter necessárias para prosseguir. Eles foram bem-sucedidos em circunstâncias em que o sucesso era a única opção para a continuidade da vida. Mas nem tudo fica bem quando o sucesso demanda um preço alto demais. Esses homens pagaram um preço muito elevado pelo sucesso que obtiveram.

A decisão de participar da conspiração para matar o presidente e acobertar as circunstâncias desse terrível evento não foi fácil. Para esses três homens, era o início de um pesadelo que os assombraria para o resto de suas vidas. Mesmo no período de vida após a vida, essas almas atormentadas não encontraram descanso, porque para eles o problema só poderia ser resolvido de uma única maneira: a revelação da verdade.

Introdução

Damos crédito ao que ouvimos, embora não vejamos as palavras faladas que fazem o percurso da boca de um ser para o ouvido de outro ser. Utilizando o processo telepático, os pensamentos provenientes do cérebro de uma pessoa alcançam o cérebro de outra. Ninguém consegue ver esses pensamentos; todavia, eles podem ser captados de modo tão claro como se fossem palavras faladas, se os que estão se comunicando tiverem o dom da telepatia.

Quase todos conseguem falar, mas somente alguns possuem o dom da telepatia. É normal que a pessoa que não tenha essa habilidade duvide da que a possui, especialmente quando não consegue ver o que está acontecendo. As dúvidas, entretanto, não impedem que o processo aconteça, desde que os pensamentos do incrédulo não interfiram.

Minha habilidade telepática levou algum tempo para se desenvolver. No início, o processo foi muito modesto. Comprei um tabuleiro *Ouija* como presente de Natal para minha filha, sem entender o que era realmente o tabuleiro. Um amigo me disse que não era um presen-

11

te adequado para uma criança e que seria melhor deixar de lado o tabuleiro. Desnecessário dizer que tal conselho despertou minha curiosidade. Após um longo e vagaroso início, houve uma comunicação do espírito Elvis Presley, com quem um amigo tinha pedido para entrar em contato. Após umas poucas frases, o espírito Presley pediu: "Deixe-me falar a sós com o telepata". Ele expressou o desejo de conversar comigo e, desde então, o processo de comunicação via telepatia tornou-se tão fácil quanto conversar com uma pessoa viva.

Com o tempo, percebi que as comunicações telepáticas eram possíveis não somente com os espíritos, mas também com outros seres vivos. Embora esse tipo de comunicação não constitua um padrão entre os humanos, ele o é entre os membros da tripulação de naves espaciais. Descobri isso quando fui contatado dessa maneira.

Meus amigos ficam maravilhados com a clareza das minhas comunicações com os espíritos. Durante muitos anos, eu não tinha sequer uma teoria para explicar por que isso acontecia. Agora eu tenho, embora não possua prova ou certeza de que seja a hipótese correta.

Há alguns meses, eu sofri vários AITs (ataques isquêmicos transitórios). São pequenos derrames cerebrais que claramente indicam que algo está errado. Felizmente, foram episódios passageiros causados por um problema de pressão alta, os quais, por enquanto, têm sido controlados. Entretanto, no decorrer de um *checkup* médico, eu fiz exames de RMN (ressonância magnética nuclear) que apresentaram um resultado não desejado: tenho dois tumores na minha cabeça. Um deles está localizado na parte superior do cérebro e o outro, no tronco cerebral.

Quando o diagnóstico foi feito, perguntei há quanto tempo esses tumores deviam estar na minha cabeça. O médico falou que não saberia dizer. Esse tipo de tumor leva décadas para se desenvolver, mas ele me deu uma pista: quando minhas dores de cabeça tiveram início, foi o período em que os tumores começaram a se formar. Com isso, eu estava diante de uma situação interessante e inquietante, porque eu sabia exatamente quando as dores de cabeça iniciaram.

Pouco antes de eu partir da Europa, há 25 anos, houve duas ocorrências a respeito das quais eu nunca soube o que fazer. A primeira aconteceu enquanto eu dirigia de Munique para Ulm e, do nada, eu tive uma dor de cabeça lancinante.

Outro incidente aconteceu, mas com o período de tempo invertido. Eu dirigia de Nuremberg para Frankfurt. Há trechos da rodovia que ficam bastante desertos. Num desses trechos, eu notei algo muito singular: eu tinha dirigido regularmente a 150 km/h, porém, num período de aproximadamente uma hora, eu tinha feito somente cerca de 50 km na direção de Frankfurt. Aconteceu, também, de eu ter uma dor de cabeça lancinante de modo repentino.

Dessa época em diante, eu nunca mais fiquei sem dor de cabeça, algumas muito severas. Posteriormente, descobri que, tomando uma aspirina pela manhã, eu evitava que as dores fossem muito fortes mais tarde, durante o dia. Não me ocorreu que eu pudesse manter o problema sob controle.

Naquela época, eu já tinha ouvido falar em "lapso de tempo" e "abduções por alienígenas". Nos Estados Unidos, esse é um tópico que as pessoas veem na TV e leem a respeito nos jornais. Eu nunca havia tido experiências incomuns desse tipo, até que obtive o diagnóstico de dois tumores na minha cabeça. Perguntei a um dos meus parceiros invisíveis sobre os tumores e ele alegou que eles haviam crescido para que eu funcionasse como uma antena biológica, o que acabou sendo uma boa notícia!

Poderia eu ter sido abduzido duas vezes, de modo que alguma intervenção tivesse sido feita para tornar os tumores maiores? Não sei se essa teoria – se é que é uma – está certa. Porém, é a única explicação que tenho para as minhas fortes e incomuns habilidades telepáticas.

Atualizando: nos dias 27 de julho e 31 de julho 2001, eu tive os dois tumores removidos no Hospital Saint Joseph, em Fênix, no Arizona. Minhas habilidades telepáticas permaneceram tão fortes quanto antes.

Quando vim para este país, um amigo me introduziu no processo de comunicação com os espíritos. A filha dele e vários amigos tinham o processo como um *hobby*. De fato, pude conhecer muitas pessoas que mantinham contato com as entidades invisíveis e tive a impressão de que tal prática fazia parte da história dos americanos. Posteriormente, descobri que minha impressão não correspondia à realidade.

Aprendi sobre o processo de telepatia de modo rápido. Minhas habilidades melhoraram tanto com o passar do tempo a ponto de eu poder ter tais tipos de comunicação sem nenhum auxílio. Eu achava que tinha um *hobby* fascinante, porque mantinha contatos com muitas celebridades espirituais que prontamente respondiam a todas as minhas perguntas. Elas também se prontificavam em fornecer muitas informações interessantes sobre muitos temas.

Com o passar dos anos, muitos assuntos específicos foram abordados. Pensei que meu interesse diversificado me fizesse lidar com uma área de conhecimento após outra. Ao recordar, percebo que havia um planejamento para tudo isso. Enquanto eu pensava que tinha um *hobby* fasci-

Comunicações Mediúnicas da Família Kennedy   15

nante, eu estava sendo usado para ajudar os espíritos que precisassem de um parceiro para o que necessitassem fazer na dimensão material.

Desde o início, meus contatos foram feitos sobretudo com celebridades. Eu era iniciante e uma das minhas colegas tinha muita experiência com esse tipo de atividade. Ela nunca mencionou que algo excepcional estava ocorrendo, então, pensei que o que estava acontecendo devia-se ao fato de que os espíritos de celebridades possuíam um nível mais alto de energia. Somente mais tarde descobri que esses espíritos tinham várias tarefas para realizar, e que eu os estava ajudando.

Uma das necessidades mais urgentes dos espíritos pode ser a superação dos traumas e angústias vindas do tempo de suas vidas na dimensão material. Conversar sobre os problemas e dizer a verdade sobre conflitos que não tenham sido solucionados em suas vidas passadas constituem meios eficazes para a superação de traumas do passado. Além disso, se um espírito teve uma morte violenta, ou simplesmente acumulou muitas energias negativas, ele teve que ir para zonas de sofrimentos infernais. Ao dizer a verdade sobre suas vidas, os espíritos podem separar suas energias positivas das negativas. Assim sendo, as energias positivas podem ajudá-los a deixar essas zonas de sofrimentos infernais. Essa constitui uma razão imperativa para contar a verdade.

Todos os espíritos que deram mensagens para este livro se sentiam emocionalmente sobrecarregados pelos eventos de suas vidas passadas. Agora, eles se encontram em um lugar chamado Local de Espera de Partida para a Dimensão Positiva, onde não há mais sofrimento ou tortura, embora as memórias dos sofrimentos e dos traumas ainda os assombrem. O único modo de se recuperarem, nessa vida após a vida, é contar a verdade sobre o passado. Essa é a razão pela qual diversos espíritos podem falar sobre o mesmo assunto ou tema.

A verdade é absoluta e dissolve padrões e mecanismos negativos. Contar a verdade sobre algo põe um fim ao sofrimento e à dor causados por eventos traumáticos que não tenham sido superados.

Os participantes dos eventos dramáticos de Dallas têm sofrido há muito tempo. Chegara a hora de se livrarem de seus respectivos traumas e, por isso, eles me contataram. Com o passar do tempo, todos eles falaram sobre suas respectivas situações antes, durante e após o assassinato. Disseram a verdade e ficaram livres dos eventos passados que ainda os atormentavam após todos esses anos, até mesmo em suas vidas após a vida.

A história

dos Kennedy

Jacqueline Bouvier

O jovem presidente e sua esposa elegante fascinaram o povo americano. Os Kennedy levaram para a Casa Branca estilo e classe, e, enfim, a mídia tinha muita coisa para escrever. Todos os presidentes proporcionavam histórias políticas. O presidente Kennedy e sua esposa, porém, forneciam o "algo a mais" que até hoje atinge o aguçado interesse público. Camelot foi invocado, e as pessoas aderiram a esse *slogan* por considerarem os Kennedy pessoas especiais. Mas ele está longe de expressar a importância e o significado desse casal. Jack Kennedy,[2] sua esposa Jackie, e os demais membros do clã dos Kennedy são realmente pessoas especiais. O quanto eles são especiais, Jackie explica em sua contribuição para este livro. Ela retrocede até o princípio de Jack Kennedy e da história da humanidade. A história dela por vezes se parece com ficção científica, quando fala de extraterrestres e deuses que invadiram este planeta há milênios. Mas, atenção! Os textos neste livro constituem a documentação de tarefas muito importantes que os espíritos tiveram que realizar. Eles só poderiam completar a tarefa se dissessem a verdade:

---

[2] Jack Kennedy era a forma como John Kennedy era tratado pelos amigos.

Bom-dia, sou a entidade espiritual Jacqueline Bouvier. Vocês assistiram ao programa *Larry King Live* na noite passada. Nessa ocasião, comemorava-se também o quinto aniversário do dia em que morri e diversas pessoas com as quais tinha estado em contato falaram de vários aspectos dessa minha vida.

Agradeço por sua disponibilidade para me permitir ditar este comunicado espiritual. Por favor, seja paciente, pois levará algum tempo para eu falar mais sobre minha vida e poder alcançar o objetivo desta comunicação.

Para começar, quero dizer que, em minha última vida, eu nasci em uma família de grande poder aquisitivo e excelente posição social. Como consequência, minha educação foi a melhor que o dinheiro poderia proporcionar e que uma família nessa condição poderia oferecer. Isso me preparou para a mais importante tarefa que qualquer mulher poderia ter: ser a esposa do presidente dos Estados Unidos.

Minha vida antes de Jack Kennedy era trivial, comparada à que viria posteriormente. Ao olhar para trás, vejo que a educação recebida me preparou para meu papel como primeira-dama. Ao conhecer Jack, senti que ele era o homem que eu estava destinada a ter como marido. Este conhecimento me veio no instante em que o vi pessoalmente pela primeira vez.

Eu tinha conhecimento sobre sua galanteria. Sua reputação precedia sua pessoa, mas eu não me importei. Meus sentimentos foram tão intensos, que eu só queria que uma coisa acontecesse: que Jack me fizesse sua esposa. Ele me disse que também havia experimentado uma convulsão emocional quando me viu pela primeira vez. Ele afirmou que era como se uma onda de choque composta de uma variedade de sentimentos o atingisse.

Sabíamos que fôramos feitos um para o outro. Mas não sabíamos que o destino nos uniria como marido e mulher novamente, conforme havíamos sido numa vida anterior, quando vivemos no Egito. Naquela época e naquela encarnação, as circunstâncias de vida eram muito diferentes. Jack era o faraó Tutmés III e eu era sua esposa. O faraó possuía muitas mulheres. Eu sabia disso e aceitava. Eu sabia que havia outras mulheres na vida de meu marido, em minha vida como esposa do presidente, e eu aceitava o fato como uma das circunstâncias da vida que eu não poderia nem iria modificar.

Tudo que importava para mim eram a felicidade e o bem-estar de Jack. Se isso incluísse outra mulher, eu não me importava. Tenho consciência de que o que disse soa muito estranho em uma sociedade que tem a monogamia como uma norma de relação entre o marido e a esposa. Mas meu suporte emocional para aceitar este tipo de situação datava do tempo no Egito, quando esposas e concubinas constituíam um padrão. Quero esclarecer essa situação antes de lidar com outras questões, pois este é um assunto que surge sempre que as pessoas conversam sobre o ex-presidente, sua esposa e o problema do adultério.

Feito isso, vou tratar de questões importantes: eu e Jack remontamos aos tempos iniciais do Egito, na época em que os deuses, membros do clã egípcio da Serpente, invadiram este planeta, há cerca de 5.800 anos. Eu era, então, uma pequena deusa conhecida pelo nome de Hera, que ocupava o posto mais importante da ala feminina do clã da Serpente. Meu marido era Sator, que ocupava uma posição de liderança inquestionável na ala masculina do mesmo clã. Na época da invasão, Jack era apenas uma célula viva numa das múmias que trouxemos conosco do nosso antigo lar, o planeta Lúcifer.

Nós e mais quatro outros clãs de deuses fugimos do nosso planeta quando membros do clã do Dinossauro prepararam uma mudança de dimensão adaptada ao seu código genético. Em caso de êxito, o processo aniquilaria todos os outros clãs. Assim sendo, tivemos que partir. Entretanto, o planeta natal dos deuses, Lúcifer, explodiu quando a mudança de dimensão foi tentada. Após um período de tempo no espaço, aterrissamos neste planeta.

Todos os clãs fugitivos aterrissaram aqui, onde eles tinham colocado os humanos que haviam sido produzidos em seus laboratórios de biogenética no planeta Lúcifer e transferidos para este planeta cerca de 45.000 anos antes. Nós havíamos plantado os egípcios e os judeus, por isso, aterrissamos no Egito. O clã do Touro aterrissou na Mesopotâmia, o clã da Águia aterrissou nas Filipinas e migrou para a América Central e a América do Sul. O clã do Tigre aterrissou no Himalaia e o clã do Dragão, no Japão.

Os lugares onde os deuses aterrissaram são conhecidos como berços da civilização. Ninguém tem uma explicação plausível para as construções repentinas de estruturas sofisticadas que foram erguidas nesses locais, algumas das quais não poderiam ter sido erguidas até mesmo com recursos contemporâneos. Sistemas religiosos foram implantados com o objetivo de subjugar a população humana deste planeta.

Os clãs se prepararam para lutar por supremacia, exatamente conforme haviam feito no planeta Lúcifer. A primeira tentativa, em grande escala, para dizimar os demais clãs foi realizada pelo clã dos Tigres. Seus membros trouxeram a Lua, formada de uma porção de detritos do planeta Lúcifer, que havia explodido, e colocaram-na numa órbita ao redor do planeta Terra com o propósito de conseguir uma mudança de dimensão compatível com o código genético deles. Esse processo teria dizimado todos os deuses e a vida humana com um código genético diferente. A Lua se posicionou na órbita desejada, mas não houve nenhuma mudança de dimensão. Conforme é lembrado desde antigas culturas, as enchentes que ocorrem em todo o mundo ainda são consequência desse evento.

Trazer a Lua para uma órbita ao redor deste planeta fez com que ele girasse em volta de um eixo. Tal fato teve um profundo efeito nas condições relativas à situação da energia espiritual. O continente Atlântida, que não era acessível quando esteve completamente na zona da luz, tornou-se acessível com as alterações dos dias e das noites.

Os atlantes se mantêm à margem do clã da Serpente desde uma época muito remota, quando três membros do clã fugiram do planeta Lúcifer para escapar de seus inimigos. Enquanto os deuses que permaneceram no planeta Lúcifer retrocederam, os atlantes permaneceram no ponto máximo de evolução. Ao contrário dos deuses invasores, eles eram pacíficos.

Os clãs guerrearam entre si. O clã do Dragão aniquilou o clã do Tigre. O clã da Serpente eliminou os clãs da Águia e do Touro. Houve uma grande luta entre o clã da Serpente e o clã do Dragão. Conforme mencionado na Bíblia: "Miguel e seus anjos lutaram contra o dragão, e o dragão batalhou, com seus anjos, mas não triunfou" (Apocalipse 12,7-8). O clã do Dragão foi derrotado de modo definitivo e teve que se retirar para sua base, no Japão, sem ter condições para continuar com a luta pela supremacia do planeta. O clã da Serpente, então, invadiu Atlântida. Seus habitantes não reagiram e doze deles foram feitos prisioneiros. Os demais se desmaterializaram quando ocorreu a mudança de dimensão que o clã da Serpente preparou. Essa mudança trouxe um desastre total para os deuses. Os

24 RICH ANDERS

atlantes haviam tomado suas providências. Amar, seu líder espiritual, sintonizou a mudança de dimensão com o código genético de um humano. Consequentemente, somente os humanos estão adequados para viver no mundo atual.

Todos os deuses e deidades pereceram no cataclismo que acompanhou a mudança de dimensão. Somente uma menina muito jovem da Atlântida sobreviveu na forma física. Essa é a razão para a mitologia grega falar dos deuses que viviam entre os humanos e a mitologia romana nada mencionar sobre o assunto. Os romanos surgiram posteriormente; quando apareceram na história, nem os deuses nem as deidades eram mais vistos.

Os deuses deixaram seu legado na forma de sistemas religiosos. Eles não podem reencarnar como deuses ou divindades, mas reencarnam no mundo atual em minúsculas partículas dispersas em muitos seres humanos. Por isso, ainda existem deuses no mundo, desde épocas remotas, mas eles não podem ser reconhecidos, pois residem em corpos humanos.

Não é a aparência dos deuses que fala de suas origens, mas sim o que fazem. Quanto mais derramamento de sangue causam e mais sofrimento humano produzem, mais são reconhecidos como descendentes dos deuses de épocas remotas. Isso nos conduz ao tema desta mensagem: Jack foi trazido à vida a partir da célula de uma múmia que o clã da Serpente trouxe de Lúcifer. Era uma múmia de tempos remotos. Portanto, essa divindade, como eram chamados os seres trazidos à vida a partir de células vivas de múmias, possuía energias muito mais positivas do que as energias dos modelos posteriores, por assim dizer. Jack era, naquela época, parte de uma divindade chamada Amon.

Muito tempo antes, Hera, a pequena deusa, havia sido reduzida à poeira pelo reflexo de um tiro radioativo que

Sator havia dado em Atlas, o líder dos atlantes. Cada uma dessas partículas de poeira encarnou em um corpo humano posteriormente.

Eu havia sido uma mulher destinada à grandeza naquela época, conforme fora em minha última existência, visto que fui e continuo sendo uma partícula da energia espiritual que porta o padrão da entidade espiritual da deusa Hera, a mulher de posição hierárquica mais alta entre as mulheres do clã da Serpente.

Eu renasci em um corpo humano e o destino me fez consorte de Amon, uma vez que ele havia se tornado o líder do clã da Serpente após a revolta das deidades contra os deuses. Ele era um deus notável.

Amon não era um homem de uma só mulher; eu era apenas a sua favorita. Havia muitas outras, e uma delas, Freia, uma deidade do panteão teutônico, assassinou -o durante um encontro sexual. Isso selou meu destino também, pois minha posição de favorita de Amon despertou inveja e fez com que eu fosse assassinada naquela encarnação.

Após a mudança de dimensão, quando Jack era Tutmés III, nós dois nos reencontramos. Ele era um jovem muito bonito, destinado a ser o próximo faraó. Eu era a escolha perfeita para ser sua esposa. Nós fomos muito felizes. Não me importava o fato de ele ter outras mulheres para seu contentamento sexual. As coisas eram assim naquela época. Mas essa situação estabeleceu os padrões para nossas vidas, quando nos tornamos marido e mulher novamente na época atual.

A morte de Amon estabeleceu um padrão espiritual para as vidas posteriores. Jack foi assassinado como Tutmés III e quando era o presidente dos Estados Unidos. Dessa vez, o destino poupou minha vida. Eu já havia passado da idade com a qual havia sido assassinada nas encarnações anteriores.

Essa tem sido uma história exaustiva, e seu nível de energia, agora, está muito baixo para continuarmos. Quero agradecer por sua paciência e expressar minha esperança de que possamos continuar esta história em outra ocasião que lhe seja conveniente.

Jackie

22 de maio de 1999

Boa-tarde, sou a entidade espiritual Jackie Bouvier. Obrigada por arranjar um tempo para escrever a continuação da comunicação espiritual que iniciamos há vários dias.

Jack não foi a única das subentidades de Amon a ser assassinada quando ocupava um alto posto. Para que você entenda melhor a questão, tenho que explicar o que aconteceu a Amon depois que ele morreu: antes que a entidade espiritual de Amon pudesse encarnar novamente no mundo anterior, houve uma mudança de dimensão. A nova dimensão aceitava apenas entidades que tivessem o tamanho dos humanos. Por isso, a grande entidade espiritual de Amon se desdobrou em muitas partes chamadas subentidades. Elas possuíam diferentes partes da entidade original, e isso significava que possuíam diferentes padrões de destino.

As subentidades que ostentavam um padrão de atingirem o mais alto escalão em seu respectivo meio, que, de acordo com os parâmetros ocidentais, é o chefe de governo, também ostentavam padrões de violência contra si próprios. Esse padrão foi estabelecido quando a deidade do panteão teutônico matou Amon pouco antes da troca de dimensão. Por conseguinte, esse padrão é vivenciado pelas respectivas subentidades de Amon quando elas alcançam o mais alto cargo possível.

Um bom exemplo para o que acabamos de dizer é o caso de Ronald Reagan, que havia sido Júlio César em uma existência anterior. Uma vez que o padrão de morte por violência já havia sido vivenciado naquela encarnação, Ronald Reagan sobreviveu à tentativa de morte na existência atual, pois esse modelo tinha sido enfraquecido por uma vivência anterior. Outros líderes cuja origem espiritual remonta a Amon são:

Anwar Sadat, que foi assassinado.

Rei Hussein da Jordânia, que foi morto em outra encarnação, quando era o faraó *Tutankhamon*. Por causa de sua experiência anterior, ele sobreviveu à tentativa de assassinato em sua existência atual como rei da Jordânia.

Bob Kennedy, que foi assassinado quando estava a caminho de se tornar o primeiro homem no Estado.

Esses padrões não foram uniformemente distribuídos entre as várias subentidades. Algumas delas possuem mais de um padrão principal, como, por exemplo, a combinação de importância política com a financeira, o que é muito comum.

Uma subentidade política que escapou do assassinato foi Ted Kennedy, que nem sequer poderia tentar tornar-se presidente dos Estados Unidos, porque um acidente no qual ele esteve envolvido causou a morte de uma jovem mulher. Esse acontecimento salvou sua vida.

Um caso especial é Bill Clinton, que também se tornou presidente dos Estados Unidos. Por ser uma subentidade de Amon com o padrão para alcançar o mais alto cargo político, foi-lhe dado fácil acesso ao poder. Não importava em que escândalo estivesse envolvido, isso não o atingia.

A galanteria de Jack Kennedy não incomodava ninguém. Quanto a Bill Clinton, a história é completamente diferente

28 RICH ANDERS

por uma razão especial: o padrão de assassinato tinha sido enfraquecido por vivências anteriores, até o ponto em que somente o padrão cármico de término antecipado do cargo como o homem mais poderoso ainda permanecia ativo. Ainda hoje, esse padrão data da época em que ficou estabelecido pelo fato de uma mulher ter assassinado o homem mais poderoso; então, aconteceu mais uma vez que todas as mulheres das quais Bill Clinton se aproximava se viravam contra ele, tendo ou não essa intenção. A incansável investigação de Kenneth Starr[3] sobre o presidente Clinton possuía, como fator subjacente, um significativo cenário espiritual.

Amon foi o último a ter poder absoluto no mundo anterior. Isso estabeleceu um padrão cármico para o alcance do mais alto cargo na sociedade para várias de suas subentidades. Coube a Bill Clinton a tarefa nada invejável de pôr um fim a isso.

A preparação espiritual para o aniquilamento do modelo de poder de Amon sobre todas as coisas tem sido realizada por Bill Clinton. Seu modo insensato de lidar com as mulheres serviu a um propósito muito importante: levá-lo ao *impeachment*. O Congresso votou pelo *impeachment*, mas o Senado não o destituiu do cargo. Portanto, o padrão espiritual cármico de ser destituído do cargo ainda não foi vivenciado. Isso continuará até a próxima mudança de dimensão.

Quando os mundos se transformarem, o padrão espiritual de Amon, de ser o homem mais poderoso, não será levado para a próxima dimensão. Bill Clinton, como representante do poder político neste mundo, porá um fim

---

[1] Kenneth W. Starr, advogado americano e ex-juiz federal, levou ao Congresso o chamado Informe Starr, que abriu caminho para o processo do presidente Bill Clinton por seu envolvimento com a ex-estagiária Monica Lewinsky.

ao modelo cármico de destituição de poder que vigora no mundo atual. As forças da natureza desencadeadas destruirão tudo o que for negativo e, desse modo, também a força de Amon será destruída.

No próximo mundo, haverá somente um homem com força total sobre todas as coisas. Ele será chamado Deus, o Todo-Poderoso. Esse homem é o líder espiritual e o Deus mais poderoso de Atlântida. Seu nome é Amar, e ele reinará sobre toda a dimensão positiva que está por vir como o governante espiritual para a eternidade!

Isso não foi fácil! Vamos fazer um intervalo.

Jackie

Olá de novo.

Esse pequeno intervalo me trouxe muita alegria, pois durante esse período você foi assistir ao programa do Larry King e meu filho John estava lá. Através de seus olhos, eu pude vê-lo. Sou a mãe mais orgulhosa que existe.

Criar meus filhos de um modo que lhes garantisse uma vida social produtiva foi o meu objetivo. Eu faria o que fosse necessário para alcançar esse propósito. Sou uma mãe apaixonada. Isso significa que a maternidade para mim foi algo mais do que importante – foi uma missão que cumpri com prazer e orgulho.

Para mim, meu filho, de certo modo, era a continuação de meu amado marido Jack. Fiz tudo o que acreditei ser necessário para estabelecer os fundamentos de nobreza de caráter numa criança cujo pai, para mim, havia sido o mais nobre de todos. Sei que você não está entusiasmado para fazer contato com alguém em nome de seus companheiros invisíveis. Entretanto, se o destino e o Grande Espírito do Universo permitissem, nada me tornaria mais feliz do que poder falar com John.

Embora eu tenha um grande orgulho de meus filhos, nada se compara ao orgulho que sinto por meu primeiro marido, Jack Kennedy. Eu não era uma pessoa ligada à política. Meu papel como primeira-dama, conforme eu entendia, era ser um apoio para meu marido, o presidente. Enquanto fui a esposa de Jack, eu não entendi o que realmente acontecia. A Guerra Fria para mim era um assunto com o qual meu marido lidaria muito bem. Ele lidou com o fato tão bem que salvou a humanidade da extinção. Fez com que esse feito fosse registrado na história do Universo para toda a eternidade.

Como subentidade de Amon, Jack pertence ao clã da Serpente. Ele foi e ainda é, por descendência, um membro do clã, porém, ele renegou a tarefa que o clã lhe havia confiado. O clã da Serpente concebia o comunismo como um contrapeso ao cristianismo e ao islamismo. Era a ferramenta dos deuses e das deidades ainda existentes em espaçonaves nas imediações da Terra. Com essa ferramenta, eles pretendiam acabar com toda a vida neste planeta, de modo a estabelecer padrões espirituais para a mudança de dimensão sintonizada com o código genético do clã da Serpente. Se o plano tivesse dado certo, isso teria significado o fim de toda a vida. O código genético do clã da Serpente é um código com energia negativa, e um código desse tipo como base para uma mudança de dimensão traz um resultado final negativo: a completa destruição de toda a forma de vida.

Os planetas Lúcifer, Marte e Mercúrio foram destruídos por tentativas fracassadas de engenharia planetária que foram realizadas por muitos clãs de deuses provenientes do planeta Lúcifer. Esse planeta sobreviveu à mudança de dimensão que aconteceu há aproximadamente 3.500 anos porque Amar, o líder espiritual dos atlantes, sinto-

COMUNICAÇÕES MEDIÚNICAS DA FAMÍLIA KENNEDY   31

nizou a mudança de dimensão com o código genético de uma mulher da civilização maia. Quando Krushchev provocou a chamada crise dos mísseis de Cuba, ele não estava fazendo isso por capricho. Os membros do clã da Serpente, em suas espaçonaves, influenciavam os membros do clã que estavam neste mundo pelo processo de telepatia. A crise de Cuba fora arquitetada para trazer um fim à vida no planeta. A intenção era provocar uma guerra nuclear.

A situação de Jack era a mais difícil que se possa imaginar. O maior perigo não eram os soviéticos, mas sim os chamados falcões no governo, na liderança militar dos Estados Unidos. Eles queriam uma intervenção militar em Cuba. Se Jack tivesse concordado, uma guerra nuclear teria sido deflagrada e teria dado um fim à humanidade.

Jack não estava sozinho. Ele e os principais personagens nesse jogo de terror eram influenciados telepaticamente. Jack era católico e o cristianismo é uma religião com origem em Atlântida. Desse modo, um grupo de pessoas com essa mesma origem foi capaz de influenciar Jack por um forte processo telepático. Ele achava que seus próprios pensamentos eram muito intensos na direção de uma solução pacífica para uma crise tão séria. As consequências de uma possível guerra nuclear perturbavam a sua mente. Muitas vezes, os argumentos contra a demanda dos falcões do governo apareciam em seus pensamentos.

A situação na União Soviética era difícil. O grupo de Atlântida não conseguia influenciar o alto escalão do governo russo porque todos eles descendiam do ser mais negativo do Universo, Sator, o antigo líder do clã da Serpente, que também era marido de Hera, a deusa egípcia da qual sou descendente. Diante daquela tão grave situação, uma aliança foi formada entre os seres de Atlântida e os seres de Plêiades, humanoides de alto nível de inteligência e grande força espiritual oriundos da constelação das Plêiades.

Os seres dessa constelação vinham tentando há muito tempo colonizar o sistema solar. Em certa época, eles estavam harmonizados com o clã da Serpente. Posteriormente, por iniciativa própria, tentaram assumir todo o sistema. Enquanto os atlantes influenciavam Jack e seus conselheiros, os seres de Plêiades influenciavam os membros do Politburo e o próprio Krushchev. O que quer que os outros dissessem e fizessem, cabia a Jack a tarefa de tomar a decisão final certa, e ele conseguiu fazer isso.

Levei certo tempo para saber de todas as circunstâncias das vidas anteriores e do propósito que tiveram minha última existência e a de Jack. Por ter sido o membro feminino de mais alta envergadura do clã da Serpente, minha tarefa era influenciar Jack para iniciar uma guerra nuclear. Mas nada poderia estar mais distante de minha mente que tal ideia. As tentativas do clã da Serpente de influenciar-me falharam drasticamente, pois tudo o que eu tinha em mente era a segurança de Jack, de meus filhos e de todas as pessoas do mundo.

Tudo está bem quando acaba bem. Jack salvou a vida no planeta e eu o ajudei pelo apoio que lhe dei. Estamos muito orgulhosos um do outro.

Ao lhe contar tudo isto, senti-me muito mais leve em relação ao fardo que tinha do passado como membro do clã da Serpente. Quando os portões do inferno se abriram, minhas energias positivas fluíram para o Local de Espera de Partida para a Dimensão Positiva. Eu não estava sofrendo no plano negativo de existência onde havia estado, mas as circunstâncias de minha vida espiritual eram desagradáveis.

Há uma coisa sobre a qual eu preciso falar, pois o fato ainda repercute em mim de modo muito pesado: quando Jack e eu nos preparamos para a viagem a Dallas, nós estávamos muito felizes e entusiasmados. De algum modo, esperávamos com ansiedade por um tempo feliz e de sucesso. Mas não era para ser assim.

Eu ainda carrego o trauma do assassinato de meu amado marido. As palavras não podem expressar o horror daquele dia. Eu estava sentada ao lado do meu formoso e feliz marido. Então, como se surgissem do nada, o cérebro e o sangue de Jack foram derramados sobre mim. No início, eu não reagi. Era muito para acordar prontamente para a realidade. Mas, então, o incidente me feriu e me feriu de modo duro, muito duro. Era o sangue e o cérebro de meu marido! Meu marido estava morto!

Vivi as horas seguintes ao assassinato como num estado de intenso pesadelo. Eu não estava muito lúcida e agora sei o porquê disso. Não posso expressar com palavras minha gratidão aos amigos invisíveis que me ajudaram, pela telepatia e empatia, a vivenciar o dia mais horrível da minha vida. Mesmo agora, eu ainda estremeço horrorizada quando falo sobre a cena do assassinato. Mas falar do assunto alivia as dores que ainda sinto, embora esteja num plano de existência espiritual positivo. Como uma crosta de lama seca, as energias relacionadas a esse incidente estão se desfazendo. Vagarosamente, as energias se dissipam e eu posso dar o maior suspiro de alívio que jamais dei. Finalmente, eu deixei o assassinato em Dallas para trás. Muito obrigada por me ajudar a fazê-lo. Sinto-me muito melhor agora e posso continuar com a comunicação. Não se preocupe, pois não levará muito mais tempo.

Após a morte de Jack, eu sabia que deveria ter cuidado com relação ao que fazer e a como orientar meus filhos a deixar esse episódio no passado de nossas vidas. Ao relembrar, percebo que realizei um trabalho perfeito. As crianças cresceram de modo muito normal. Eu consegui recompor minha vida com a ajuda da família e de bons amigos, entre os quais estava Ari Onassis.

Ari, há muito tempo, já era um bom amigo. Eu não sabia então, mas havia uma razão especial para nos darmos tão bem. Eu não procurava um amante jovem para um relacionamento apaixonado. Eu havia encontrado esse tipo de amor em Jack e não desejava diminuir a afinidade que tivera com ele, mesmo após sua morte, com um relacionamento com outro homem como ele. Poucas pessoas compreenderam quando a amizade com Ari se transformou em algo maior. Quase todos pensaram que eu estivesse atrás de dinheiro. O real motivo do meu relacionamento com Ari só foi conhecido após minha morte.

No início desta comunicação, eu mencionei que havia sido Hera, a esposa de Sator, que era o líder do clã da Serpente quando nós invadimos este planeta. Sator possuía muitas subentidades neste mundo. Elas são pessoas de destaque em vários campos, um deles o financeiro. Por isso, várias das pessoas muito ricas neste mundo descendem de Sator, o próprio demônio. Ari era uma delas.

Ari evoluiu na direção de valores positivos, exatamente como eu. Nós havíamos sido marido e mulher antes de eu encontrar Jack em uma vida anterior. Quando Jack morreu, o destino me trouxe de volta o marido que eu havia tido antes de Jack ter entrado na minha vida como o faraó Tutmés III.

O tempo com Ari cicatrizou as feridas. Porém, com a morte dele, uma outra seria aberta. De forma estranha, mas muito forte no meu íntimo, eu não conseguia lamentar. Eu tinha um sentimento incomum de que era para ser desse jeito, como se fosse um período na minha vida que teria de ficar para trás.

Com a morte de Ari, eu precisava tomar uma decisão: o que fazer da minha vida. As crianças não precisavam mais de mim de um modo que me impedisse de fazer o que quisesse. Então, decidi evitar ter a vida de uma mulher rica, ociosa, sem objetivo. Consegui um emprego. Foi a decisão mais acertada que tomei. Adorava o que fazia e levava meu emprego a sério, não porque precisasse do dinheiro, mas porque precisava de autoestima e de um propósito na vida.

Então, houve Maurice, o melhor amigo que tive. Mesmo agora ele me é querido. Sou-lhe muito grata por sua ajuda quando fiquei doente. Sem ele, os derradeiros dias de minha vida teriam sido muito mais difíceis.

Chego à conclusão desta longa conversa. Estou muito grata e feliz por você ter reservado todo esse tempo para escrever o que ditei. Isso me ajudou muito. O trauma do assassinato em Dallas pertence ao passado. As palavras não podem expressar o quanto desejo agradecer-lhe por me ajudar, a despeito do inconveniente que nossa comunicação possa ter-lhe causado.

Vou deixá-lo agora. Teremos contato novamente em breve. Eu sei que você quer publicar esse material e muitas outras comunicações com celebridades. Quanto à minha pessoa, está tudo bem. Se você tiver perguntas, ficarei feliz em respondê-las.

Jackie

John F. Kennedy,
ex-presidente dos Estados Unidos

Em 1979, havíamos nos comunicado com os espíritos por mais de um ano e achávamos a atividade um *hobby* fascinante. Nas tardes de sábado, encontrávamos os amigos que compartilhavam do nosso interesse. Minha esposa e Penny frequentemente ficavam com o tabuleiro *Ouija*, enquanto o marido de Penny, Robert, assistia à televisão e eu escrevia o que os espíritos nos diziam. Estávamos acostumados a conversar com os espíritos de celebridades. Achávamos que eles estavam conversando conosco porque tinham um nível de energia superior ao nível da maioria das pessoas e porque não tinham mais nada para fazer em suas vidas após a vida.

Em uma ocasião como essa, o espírito John F. Kennedy fez contato. A comunicação, no princípio, era difícil, mas, a cada contato feito, JFK se expressava melhor. Finalmente, ele pôde comunicar-se comigo por telepatia e teve muito o que dizer. Eu compreendia sobre o que ele falava. Porém, eu e os outros do grupo não percebemos a enorme importância do que ele nos contou. Ao analisar retrospectivamente, eu não acho que fomos incompetentes para entender. Era mais como se estivéssemos em pé, na frente de um prédio, e só conseguíssemos ver o primeiro andar. O que JFK nos disse era de um nível muito alto para alcançarmos.

Passaram-se anos para entendermos a importância e o significado dos contatos que tivemos com muitos espíritos. Eles precisavam de alguém no plano material para fazerem o comunicado espiritual; desse modo, isso se tornaria válido como uma programação espiritual. Uma vez que tomei consciência disso, conferi os textos das primeiras comunicações. Os mais significativos de todos foram os produzidos pelos contatos com o espírito John F. Kennedy.

Como presidente dos Estados Unidos, Jack Kennedy salvou o mundo de um confronto nuclear com a União Soviética, o que poderia significar o fim de toda a vida no planeta. Por causa disso, ele perdeu a própria vida. Porém, havia outra grande tarefa que Deus lhe havia concedido: o resgate, das regiões infernais, de todas as energias espirituais com padrão positivo.

No reino da matéria, tanto existe dimensão positiva quanto dimensão negativa. Nas entidades espirituais, as energias positivas e negativas coexistem. É o percentual predominante dessas energias na entidade espiritual que faz com que a pessoa seja boa ou não tão boa.

Os seguintes textos são a documentação do trabalho espiritual feito pelo espírito John F. Kennedy para separar as energias espirituais positivas, nas regiões infernais, das energias negativas e, desse modo, libertar os seres do tormento incessante a que tinham estado sujeitos.

As comunicações, a princípio, foram muito difíceis e isso está refletido na linguagem usada, a qual, algumas vezes, era difícil de ser compreendida. À medida que as comunicações fluíam com mais facilidade, a linguagem tornava-se mais clara. Muitos anos após os contatos iniciais, JFK fez contato novamente. Nessa época, ele pôde expressar-se muito bem.

Sábado, 17 de fevereiro de 1979

Sessão de conversa com a entidade espiritual John F. Kennedy, ex-presidente dos Estados Unidos. Maria e Penny estão usando o tabuleiro. Robert e Fred encontram-se presentes. O contato é feito com movimentos estranhos e circulares do indicador. A mensagem foi interrompida diversas vezes.

JFK: John F. Kennedy, ex-presidente dos Eua, vítima de cidadão desconhecido. Fui assassinado. Sou a vítima da máfia Kuharijew.

Fred: *Você poderia explicar quem é Kuharijew?*

JFK: O nome soa similar, mas não posso dizer, porque ele também é vítima do Kgb, o que ainda é um fato desconhecido.

Maria: *Você, por acaso, quer dizer Krushchev?*

JFK: Sim, porém o assassinato dele foi de um tipo diferente. Ele também está aqui, pois todas as entidades que vivenciaram a experiência de morte violenta estão neste lugar odioso.

Maria: *Como você chama o lugar onde está?*

JFK: Pode-se chamar este lugar simplesmente de inferno, pois este é o nome conhecido de todos os que, embora estejam num plano de existência espiritual chamado vida, estão vivenciando a morte de modo contínuo. O medo desconhecido se faz presente quando a sensação de morte se repete. Eu fui baleado, o que eu não esperava que acontecesse. Naquela época, eu não senti nenhum medo, pois esse sentimento somente ocorre quando se tem consciência de que os tiros virão.

Maria: *Há muitos outros com você?*

JFK: Eu tenho a companhia de muitos. Meu irmão Robert está aqui e Harvey também. Harvey é uma vítima que

40 RICH ANDERS

compartilha de uma morte violenta, marcado para encobrir um assassino.

Fred: *Então seu assassinato foi uma conspiração?*

JKF: Sim. Eu tenho o conhecimento que me permite
falar sobre o assunto.

Penny: *O objetivo da nossa conversa foi cumprido?*

JFK: Não tanto quanto eu gostaria. Estou cansado e
devo deixá-la.

Jack Kennedy

Sábado, 7 de abril de 1979

Sessão de conversa com a entidade espiritual John F. Kennedy.
Maria e Penny estão com o tabuleiro. Robert está presente.

John F. Kennedy: Para você, sou Jack Kennedy.

Fred: Bem-vindo.

JFK: Graças ao seu trabalho, eu tenho mais energia dessa vez. Tenha paciência. Ainda é muito difícil para mim me
comunicar. Eu lhe diria tudo de uma vez, porém transmitir
as mensagens está sendo muito difícil. É como enviar uma
foto através de um espelho rachado. O problema acontece
devido à energia negativa que está interferindo no processo.

Fred: Significa que as energias negativas distorcem as
palavras que você quer transmitir?

JFK: Sim. Para poder explicar, devo tentar intensamente superar as energias negativas no ambiente. Voltarei
mais forte em breve. Agora minha carga de energia positiva está baixa.

Fred: É tudo por esta noite então?

JKF: Sim. Deverei estar muito mais revigorado em breve e retornar. Obrigado por conversar comigo.

COMUNICAÇÕES MEDIÚNICAS DA FAMÍLIA KENNEDY 41

Quinta-feira, 10 de abril de 1979

Nova sessão de conversa com a entidade espiritual John F. Kennedy. Maria e Fred estão com o tabuleiro.

Fred: Bem-vindo, John Fitzgerald Kennedy.

JFK: Para você eu sou Jack, o que significa que sou Jack Kennedy, que, como ex-presidente dos Estados Unidos da América, era a favor da paz mundial, que não negociava por medo, nem por responsabilidade somente para com minha nação, mas também por este mundo. Jack, que era a favor da paz e deu sua vida para impedir a guerra, que poderia ter se tornado algo planejado pela humanidade ou se constituído como autodestruição acidental. Refiro-me à situação arquitetada naquela época para liderar a humanidade à derradeira guerra mundial. Eu fui assassinado porque meu destino foi cumprido quando fui eleito presidente, pois minha tarefa espiritual era liderar a humanidade ao seu estágio final de evolução na direção da autodestruição de todas as formas de vida e, assim sendo, a extinção de toda a vida neste mundo. Eu era a favor da paz, porém, meu destino não incluía a tarefa de ser pela paz. Desse modo, fui uma alternativa do tempo, quando, por muitas outras razões, eu sentia responsabilidade pela humanidade.

Acreditei num propósito mais elevado que Deus, o Todo-Poderoso, me reservou para me auxiliar em minha busca pela paz. Quando me tornei presidente, jurei preservar a paz. Com devoção pela vida, eu senti minha devoção a Deus, o Todo-Poderoso. Em cada batimento, meu coração era dedicado à minha nação. Conectei meus sentimentos pessoais a este país, para onde meus ancestrais vieram com o propósito de viver uma vida de liberdade.

A paz eterna existe, mas não onde eu continuo vivendo. Sou como alguém assombrado, como o espírito fica neste plano de energia, ao continuar a vida num estado de grande aflição. Estou em busca da minha paz pessoal para não deixar que aconteça novamente o que me aconteceu durante minha vida passada. Estou tentando intensamente escapar do ciclo vicioso dos eventos negativos da minha vida anterior, os quais estão alinhados em uma fila interminável e que se tornaram a causa de angústia para meu espírito.

O espírito sente a dor e o sofrimento que o corpo anteriormente vivenciou. Sinto como se ainda estivesse vivo na Terra e, como num ciclo, minha vida estivesse sendo virada pela força que puxava a carruagem do meu destino. Os eventos negativos se repetem. O dia do meu assassinato está sempre apresentando eventos anteriores de fatos negativos do meu passado.

É o dia do meu assassinato, 22 de novembro de 1963. Esta data se faz mais presente para mim agora do que quando visitei Dallas, onde minha vida e morte foram tomadas pelo destino, conforme pensa a opinião pública. Meu destino foi tomado por forças de destruição, não porque eu, como presidente, tenha determinado as regras para a paz, mas por ser aquele que negligenciou as regras adversas.

Deus, Todo-Poderoso, é minha testemunha. Eu me sentia responsável pela liberdade do mundo e pela paz mundial. Com meu clamor pela liberdade da humanidade e por fronteiras de paz neste mundo, fui muito longe por me comprometer com a paz e, com este comprometimento, relembrar os acordos de paz, por estar convencido do terror da guerra e por me tornar a resposta a esse terror. Também me comprometi com os direitos humanos.

Jack Kennedy

COMUNICAÇÕES MEDIÚNICAS DA FAMÍLIA KENNEDY 43

Quarta-feira, 11 de abril de 1979

Nova sessão com a entidade John F. Kennedy.

Há algo sobre a natureza desconhecida do meu destino que quero explicar: para mim, a data da minha morte está sempre presente, pois vivencio o incidente do assassinato repetidamente. Todos os eventos negativos anteriores, como os acontecimentos mais significativos nas minhas lembranças, foram também vivenciados quando eu morri. No momento mais crucial de minha vida, estive presente no meu passado pelo fenômeno da morte.

No momento da destruição, tornei-me consciente do seu significado, o qual claramente vi. Como em uma visão telescópica, meu olhar focalizou um retrato dos meus destruidores. Era o momento da verdade. Meu espírito tornou-se consciente de cada detalhe relativo ao meu assassinato. Se eu pudesse ter sabido antes, devo dizer que teria temido os tiros mortais, mas, mesmo assim, teria feito a mesma coisa que levou à morte do meu corpo.

O espírito não pode ser destruído, pois a energia superior não está sujeita a um destino de destruição. Eu fui baleado, mas não esperava um acontecimento fatal. Por isso, eu não senti medo. Porém, desde o instante em que me tornei consciente da face da morte, tornei-me consciente do medo. O espírito está vivo! A repetição da cena de destruição do corpo reaparece como uma cena de filme que é mostrada repetidamente. Isto se tornou o evento mais negativo da minha vida.

Em um mundo à porta da destruição, eu, ex-presidente dos Estados Unidos, tornei-me a vítima porque me comprometi com a paz. O período em que os instrumentos de guerra ultrapassavam em muito os instrumentos de paz tornou-se meu destino. Minha súplica pela paz! De novo eu me comprometi com a paz, porque as forças negativas de destruição desencadeadas pela ciência teriam mergulhado toda a humanidade num processo de autodestruição planejado ou acidental. Pela paz, ansiei. A resposta mortal aos meus anseios veio de modo inesperado; como espírito, ainda tenho que enfrentá-la.

Não encontro Deus, Todo-Poderoso, em lugar algum no local para onde o destino trouxe meu espírito. O plano de existência espiritual onde existo como energia não se encontra muito distante da Terra, onde a vida, incluindo o corpo, é também energia. Essa energia possui o mesmo padrão da do mundo, onde a energia negativa prevalece, pois o mundo em si mesmo é governado pela força negativa do Universo.

O inferno é o estado de vida que já existe no mundo onde a humanidade também conhece a ameaça do átomo mortal. É um mundo governado pela violência, no qual a vida torna-se escrava do destino. O plano de energia em que existo é o meu inferno espiritual. Nesse lugar terrível, meu espírito sente todas as dores do corpo, não porque as trevas chegaram repentinamente, mas porque a terrível mudança da natureza molecular dos corpos faz com que o espírito sofra todas as dores e sinta o medo. Isso permite, de modo intenso, a criação das energias necessárias para a permanência do sofrimento.

O tempo parou para mim, desde que me tornei o espírito apegado à hora da minha morte. Este círculo vicioso me faz enfrentar a morte repetidamente. Embora a força negativa esteja, cada vez mais, concentrando sua energia no mundo de violência, também existe o Deus, Todo-Poderoso, em algum lugar, para parar o terror que está ocorrendo neste mundo.

De repente, após uma indagação precedente, que me conduzia a uma encruzilhada, tornei-me consciente de que o deus chamado força da energia negativa é o imperador em um mundo onde a humanidade ainda está sofrendo por causa de seu terror. Imediatamente, tornei-me conhecedor da verdade sobre o passado, sobre o presente e sobre o futuro, quando minha busca por Deus tornou-me bem-sucedido.

Deus, Todo-Poderoso, realmente existe, mas em seu reino há amor e felicidade, num tempo diferente, já que em tal mundo a vida sofre continuidade. Os eventos mais alegres são os que nos acompanham pela vida no lugar em que o tempo, ainda que tão diferente, também parou. É um tempo desconhecido para o homem. O passado, que é uma lenda neste mundo, foi o mundo onde a presença de Deus foi sentida. O tempo desconhecido desse passado distante tornar-se-á conhecido para a vida quando, num futuro não muito distante, o tempo mudará.

Grato por sua paciência.

Jack Kennedy

Sábado, antes da Páscoa, 11 de abril de 1979

Comunicação telepática com a entidade espiritual John F. Kennedy.

Eu estava acumulando toda energia positiva da mesma fonte existente neste plano espiritual de vida, o que faz com que eu fique mais forte para me comunicar telepaticamente. Embora essa energia seja desconhecida para você, já falamos sobre ela anteriormente.

Sou Jack Kennedy. Sinto-me muito mais forte e não estou mais vivenciando o medonho círculo vicioso de medo e dor, desde o momento em que esse círculo que me causava sofrimento tornou-se composto somente de energia negativa. Nele, está agrupado tudo de negativo que eu, como espírito, ainda emito, enquanto tudo de positivo é excluído do hediondo processo de rememoração da minha morte.

Sei que para você é fácil entender o que ocasionou a mudança nesse processo horrendo de recordação, mas sinto que deveria dar uma explicação: neste momento e mesmo neste lugar, o plano de existência espiritual de vida onde a dor e o medo estavam predominando na vida após a morte, os metabolismos do inferno tornaram-se parte do programa de libertação final da energia positiva. Compartilho desse processo com todos os outros espíritos aprisionados neste local terrível. A ameaça do inferno foi tão alterada que até mesmo a dor e o medo não são mais sentidos pelos espíritos como anteriormente, quando o medo da morte causada por violência tornou-se o suprimento energético ofertado pelo ambiente do inferno a prosseguir no infinito, no tempo e espaço.

O fornecimento de energia para a região do inferno, no estágio atual, significa o início do fim desse mesmo inferno. As fontes de energia do princípio negativo agora estão circunscritas às fontes da energia negativa em si mesmas. Isto significa que a libertação final de todas as energias positivas do ciclo vicioso de morte, enquanto tudo o que for negativo ainda perdurar, acontecerá quando tudo de negativo for destruído pelas próprias forças negativas do Universo.

O padrão negativo ainda predomina, mas, às portas de um novo tempo, a mudança se fez iminente, quando, então, o tempo presente tornar-se-á, repentinamente, o passado. Tudo o que apresenta um padrão negativo está condenado. Tudo o que apresenta um padrão positivo será redimido e também vivenciará a ressurreição, enquanto que as forças negativas enfrentarão a força de aniquilamento.

Será o holocausto final para a vida que tiver se tornado parte do próprio princípio negativo. A vida enfrentará as forças desencadeadas pela natureza quando, num futuro não muito distante, o destino da humanidade falará.

A lembrança do dia da minha posse ainda existe. Eu dediquei meu discurso de posse a todos os que se importavam com a paz. A data era 20 de janeiro de 1961, quando meu destino ainda não poderia ser previsto. Eu mencionava que era a favor da busca pela paz e não a favor da busca pelo suporte para a destruição. Naquela época, eu me comprometi com a paz, antes que eu também mencionasse o fato de que as forças negativas de destruição desencadeadas pela ciência poderiam subjugar a humanidade num processo de autodestruição ou destruição acidental.

Mesmo no inferno, eu ainda me lembro de quase tudo o que disse, mas eu não tenho nenhum sentimento quanto ao fato conforme tinha anteriormente. Parece-me, de algum modo, algo vazio a mensagem que enderecei para renovar minha busca pela paz. No meu discurso, eu não ofereci uma promessa de paz, mas fiz um pedido para tentarmos ser a favor da paz. Mencionei as Nações Unidas como sendo nossa última esperança numa época em que os instrumentos de guerra, de longe, ultrapassavam os de paz. Eu acreditava profundamente no que falei, ao dizer que, como presidente, consciente da minha responsabilidade, nunca temeria meu futuro por ser a favor da paz.

Deus, Todo-Poderoso, é testemunha da minha crença nos direitos humanos. Não desejo repetir todas as palavras do meu discurso de posse, mas sinto o desejo de repetir umas poucas palavras: estou no inferno, o qual é parte do meu destino. Como espírito, tenho, agora, o conhecimento que deveria ter tido antes, quando fui eleito presidente dos Estados Unidos. Deus, Todo-Poderoso, é o conhecimento de tudo o que é positivo para a vida nos planos espirituais de existência, até onde a vida, à sua imagem, esteja obtendo energia positiva para que seja possível se libertar da energia espiritual negativa.

Para mim, tem sido possível a libertação da minha energia positiva do meu círculo vicioso do após vida, que meu período em vida anterior programou. Como espírito, não posso escapar do inferno por agora, mas deverei unir-me a toda energia positiva. Então, uma parte de mim se tornará unida a todas as partes do espírito que me pertence. Irei, então, facear Deus, Todo-Poderoso, em Seu plano de existência.

Quero repetir as palavras que disse anteriormente: deixe que as palavras saiam deste lugar, neste momento, para amigos e adversários – a tocha foi passada para uma nova geração, uma nova geração de vida superior ainda desconhecida neste mundo de violência, pois essa nova geração surgirá quando o mundo de violência tiver se extinguido. Virá, então, um mundo de paz, no qual a vida sentirá a presença de Deus, Todo-Poderoso. A vida experimentará um novo começo quando o reino do mundo futuro estiver nas mãos de Deus. Esta é exatamente a mensagem que eu quero transmitir por ocasião da Páscoa da Ressurreição.

Obrigado por toda a energia positiva que você ofertou para que fosse possível a transmissão desta mensagem.

Jack Kennedy

22 de junho de 1999

JFK: Minhas desculpas sinceras por contatá-lo a esta hora. Parece que a madrugada é o único período em que você pode ter certeza de que não será incomodado.

Sou a entidade espiritual John F. Kennedy.

– Alô, Jack. Está tudo bem. Estou acostumado com coisas piores. Se eu puder lhe ser útil, ficarei contente por trabalhar com você.

JFK: Já faz muito tempo desde nossos encontros memoráveis em abril de 1979. Muita coisa aconteceu e as circunstâncias que envolvem uma vida espiritual positiva sofreram profundas mudanças.

– Bem, presumo que os bons espíritos o aclamem como um dos mais importantes no grupo pelo que você fez por eles.

JFK: Eles me aclamam sim, mas eu não estava sozinho. Eles todos são muito gratos para com todos os que contribuíram para o sucesso desta grande causa.

Hoje, venho para falar do sucesso que está por vir: eu me encontro no local chamado Local de Espera de Partida para a Dimensão Positiva. Neste lugar, cada espírito pode fazer o que deseja. Por exemplo, se o espírito quiser passar o tempo, que em realidade não existe, criando um ambiente segundo seu desejo, como um jardim ou instalações para esporte, isto dependerá somente da quantidade de energia espiritual que o espírito tem. Espíritos que possuem um alto grau de energia têm atividades que vão além de simplesmente passar o tempo.

Quanto a mim, tenho muito o que fazer. Estou forte o suficiente para influenciar telepaticamente figuras políticas influentes que façam uma diferença. Tenho feito isso desde que vim para este local. Estou falando sobre o grupo dos presidentes americanos que estiveram no cargo nos últimos 15 anos. No momento atual, dou orientação a Bill Clinton, embora ele não saiba nada sobre isso. Ele percebe minha influência e a tem como ideias próprias que lhe vêm à mente. Isso não significa que eu esteja constantemente atrás dele para que faça a coisa certa. Somente contribuo com ideias quando é a época de decisões importantes. Deixo de lado sua vida pessoal. Eu não iria querer influenciá-lo em seu relacionamento com as mulheres, embora esse seja um aspecto da vida dele no qual a ajuda se faz muito necessária.

Clinton e eu descendemos da entidade espiritual Amon, que era o deus/divindade egípcio que estava no poder antes da última mudança das dimensões. Isto requer alguma explicação: antes do mundo atual, havia outro diferente, um mundo positivo, na superfície deste planeta. Esse mundo ainda é lembrado como o paraíso. Os atlantes, uma raça de deuses que vieram para cá do planeta Lúcifer há milhares de anos, eram os governantes, e eles governavam com sabedoria e benevolência. Quase nada é conhecido deles porque outra raça de deuses, os seres de Lúcifer, invadiram este planeta há aproximadamente 5.800 anos. Jackie já lhe forneceu uma explicação detalhada sobre eles e o que aconteceu após a invasão; por isso, vou pular a parte das explicações detalhadas sobre esses deuses e irei direto ao ponto.

Mudanças de dimensão aconteceram inúmeras vezes. Tais mudanças trazem um fim ao mundo existente e propiciam o aparecimento de um novo mundo com situações espirituais diferentes. Dependendo da situação espiritual antes da mudança, o novo mundo terá características muito específicas. Essas situações podem ser estabelecidas e, em consequência, podem ser utilizadas para influenciar o resultado de uma mudança das dimensões.

Deixe-me dar uma rápida explicação sobre o que significa uma dimensão material e como esta pode alterar-se: uma dimensão material é definida pelo índice segundo o qual a matéria oscila entre suas fases e níveis de energia. Essa oscilação depende da localização da órbita de um planeta. Essa órbita depende do total da carga eletromagnética que um planeta possui. Quando há alteração na carga eletromagnética, como, por exemplo, pelo impacto de um grande meteoro, o campo eletromagnético do planeta se altera, o planeta se desmaterializa em sua órbita e se materializa novamente numa nova órbita correspondente à nova carga eletromagnética. Esse é o mesmo processo que ocorre quando os elétrons recebem um fóton e saltam de órbita, só que numa escala muito maior.

Como foi dito anteriormente, a situação espiritual antes de uma mudança de dimensão pode ser influenciada. Padrões muito específicos podem ser estabelecidos pela influência sobre as mentes das pessoas, pois o novo mundo será criado de acordo com o que as pessoas fazem e no que acreditam. Chama-se engenharia planetária o processo de influenciar as mentes das pessoas para agirem e pensarem de um modo que faça surgir uma situação espiritual específica que determine o tipo de mundo que surgirá. A ferramenta mais importante e efetiva para esse processo é a religião.

Os deuses invasores do planeta Lúcifer utilizaram a religião como um meio de atingir seus objetivos mesmo antes de virem para este planeta. Aqui, eles estabeleceram sistemas religiosos como um meio para controlar, subjugar e explorar os humanos que eles haviam colocado neste planeta cerca de 45.000 anos antes. Para reporem a energia espiritual que fora esgotada pela mudança para uma dimensão material, que não era muito adequada para eles, os deuses conduziram rituais com sacrifícios humanos em uma escala verdadeiramente tenebrosa. Isso estabeleceu o padrão espiritual de sofrimento humano e destruição para o mundo atual, onde as guerras são o resultado da programação espiritual feita no mundo anterior.

Sou descendente de uma divindade soberana cuja autoridade era incontestável num mundo anterior à última mudança de dimensão, e a qual foi responsável por um grande número de morte e sofrimento dos humanos. Quando Amon faleceu, sua entidade espiritual dividiu-se em muitas partículas pequenas, o suficiente para encarnar em corpos humanos. Cada ser oriundo dessas partículas possui um padrão espiritual específico. Meu padrão me trouxe riqueza material, poder político e morte por violência.

De acordo com minhas descendências, eu deveria seguir o caminho político que traria derramamento de sangue, sofrimento humano no mais alto nível possível. Eu estava destinado a causar a destruição da humanidade. Essa era a intenção dos membros do clã da Serpente, que ainda se encontram no espaço próximo em espaçonaves. Nada poderia estar mais distante da minha mente do que essa intenção.

Em cada uma das minhas encarnações, eu fui fortemente influenciado pelas entidades de Atlântida. Elas sabiam do meu destino e certificaram-se de que esse destino não se cumpriria. Elas me transformaram, de um pretenso destruidor da humanidade, no seu salvador.

Quando a crise dos mísseis atingiu seu estágio decisivo, eu optei pela paz. Os mísseis nucleares que os soviéticos haviam colocado em Cuba não foram utilizados e um confronto nuclear foi evitado. Uma vez mais, o mundo chegou perto de um desastre nuclear.

Durante a crise de Kosovo, os líderes russos repetidamente falaram de um desastre que teria subjugado o mundo todo se a OTAN não tivesse cessado de bombardear ou invadir a Iugoslávia. As bombas da OTAN infligiram tanto dano nos sérvios, que Milosevic recuou. A OTAN não caiu na armadilha de invadir a Iugoslávia sem um mandado das Nações Unidas, não ofertando, assim, aos russos e a seus aliados, os ucranianos, uma desculpa para o primeiro conflito nuclear que eles pretendiam.

Não foi um acontecimento incomum os russos terem ocupado o aeroporto em Pristina. O aeroporto é o único local por meio do qual eles poderiam trazer mísseis nucleares de porte médio para dentro da Europa Central. Desse modo, eles teriam o que precisassem nessa parte do continente como um cenário para a preparação do primeiro conflito nuclear maciço.

Ninguém em sã consciência consideraria tal atitude, que colocaria em risco a vida no planeta, porém, os russos e seus aliados não estavam em suas sãs consciências. Problemas econômicos e insignificância política causaram um grande dano ao ego russo. Seus líderes sabem que perderam a corrida contra o Ocidente. Eles têm consciência de que, agora, estão reduzidos à condição de uma potência de segundo nível. Os eventos em Kosovo lembraram a eles que a OTAN tem poder para impor sua política não somente em assuntos econômicos, mas também em assuntos militares. As forças aéreas russas foram muito ineficazes.

Para tornar esta conversa tão rápida quanto possível, pois você está se sentindo cansado, acrescentarei: do ponto de vista espiritual, a situação mudou consideravelmente com a derrota de Milosevic. Os assassinos em massa do clã da Serpente egípcio não estão mais controlando as forças do destino conforme estiveram durante a crise dos mísseis de Cuba. Agora, um atlante está no controle do arsenal nuclear russo. O nome dele é Boris Yeltsin.

Yeltsin é descendente do homem atlante que foi forçado pelos deuses do Egito a auxiliá-los na preparação para a mudança dos mundos. Esse homem foi um dos que acionaram o mecanismo para desencadear as explosões em massa que causaram a alteração do campo eletromagnético deste planeta, fazendo surgir um novo mundo, o mundo dos humanos.

Yeltsin estabeleceu o padrão espiritual para que este mundo chegue a um fim. Desse modo, esse fim acontecerá tendo como base os padrões espirituais estabelecidos por uma entidade de Atlântida. O líder espiritual de Atlântida, Amar, enviou seu filho a este mundo atual. Esse filho estabeleceu os padrões espirituais para o novo mundo que surgirá, um mundo de amor e paz, conforme ele anunciou em sua existência como Jesus de Nazaré.

Com os membros do clã da Serpente espiritualmente neutralizados, a situação, para o novo mundo que virá, está definida. Com base nos mecanismos espirituais estabelecidos pelo líder dos atlantes, quando a época atual chegar ao seu fim, toda a vida em seu aspecto positivo será levada para o novo mundo. Essa será a ressurreição a respeito da qual a Bíblia fala. Tudo de negativo será deixado para trás e experimentará a derradeira destruição, por meio das forças desencadeadas pela natureza, com seu consequente aniquilamento.

Foi minha tarefa evitar um desastre nuclear numa época em que os mecanismos espirituais teriam causado a extinção da vida neste planeta. Os eventos que estão por vir trarão a continuação da vida. Deus, Todo-Poderoso, venceu a batalha contra as forças das trevas e a vida continuará a existir na dimensão positiva em todo o Universo e para toda a eternidade.

Obrigado por escrever esta mensagem. Sua ajuda para este comunicado espiritual foi muito apreciada.

Jack Kennedy,
que ressurgiu de seu passado para garantir uma vida futura.

Mensagem para Larry King[4]

16 de julho de 2000

Boa-noite,

Os membros do clã dos Kennedy que estão no Local de Espera de Partida para a Dimensão Positiva querem agradecer-lhe por assistir ao *History Channel* e ao *Larry King Show*.

Queremos esclarecer a natureza da alegada maldição dos Kennedy, conforme apresentada no *History Channel*, a qual é verdadeiramente um padrão espiritual estabelecido há muito tempo no mundo anterior.

Por favor, envie esta mensagem para Larry King:

Olá, Larry,

Normalmente se acredita que os deuses e as deidades da mitologia antiga originaram-se da necessidade da invenção de seres superiores por parte dos humanos. Nada poderia estar mais distante da verdade do que essa crença.

Há aproximadamente 5.800 anos, uma raça de extraterrestres, que se denominavam deuses, invadiu este planeta. Eles não tinham noção de estados. Eram organizados em clãs familiares e cada clã recebia o nome de um animal.

O clã da Serpente desembarcou no Egito; o clã do Touro, em Creta; o clã do Tigre, na Índia; o clã do Dragão, no Japão; o clã da Águia desembarcou em Mindanau (no arquipélago das Filipinas) e viajou pelo oceano Pacífico até o Peru.

Seria uma história muito longa explicar, até mesmo superficialmente, o que aconteceu após esses desembarques. Para alcançar nosso objetivo de explicação da "maldição" dos Kennedy será suficiente lhe dar a seguinte informação:

[4] Famoso apresentador da Rede CNN de Televisão dos Estados Unidos.

Próximo à fase final do mundo anterior, o clã da Serpente havia derrotado todos os outros clãs e invadiu a Atlântida. O líder supremo do clã da Serpente era Amon. Como tal, ele era o homem mais poderoso e rico do planeta.

Os deuses egípcios invasores criaram panteões de deidades, as quais eram clones dos deuses para os vários grupos de códigos genéticos de seres humanos. Um desses panteões era chamado teutônico. Freia era uma mulher membro desse panteão. Amon gostava de sexo selvagem, mas esse tipo de sexo desagradava Freia; então, ela o assassinou. Esse fato estabeleceu padrões espirituais que iriam influenciar a história deste planeta até a época atual.

O mundo atual foi criado com base no código genético de uma mulher maia, uma humana. Por isso, quando houve a mudança dos mundos, somente os humanos poderiam e podem viver na nova dimensão. As entidades espirituais dos deuses e as deidades eram muito grandes para se adequarem aos corpos humanos. Desse modo, com exceção dos que estavam em espaçonaves, todos os outros pereceram em consequência dos desastres naturais causados pela mudança de dimensão. Suas entidades espirituais se dividiram em minúsculas partículas dessas entidades enormes denominadas deuses ou deidades – elas são chamadas subentidades – e estão encarnadas em corpos humanos. Os padrões espirituais dessas subentidades determinam o destino das pessoas que os portam.

Amon era o homem mais poderoso da Terra e suas subentidades portavam o padrão de alcance de muito poder. Porém, elas também carregavam o modelo de destino para serem destruídas por uma mulher. Assim, toda vez que uma subentidade de Amon alcançava ou estava para alcançar um *status* de poder ou celebridade, encontrava e estabelecia laços com uma subentidade de Freia; essa subentidade de Amon vivenciava uma morte violenta em alguns anos.

O destino de John F. Kennedy foi selado quando ele se casou com Jacqueline Bouvier. Do mesmo modo, o destino de seu filho foi determinado quando ele se casou com Carolyn Bessette. Bobby Kennedy, por ser irmão de John F. Kennedy, era muito ligado a Jacqueline Bouvier, o suficiente para ser assassinado quando aspirava ao posto de homem mais poderoso do mundo. Teddy Kennedy sobreviveu, embora o modelo de destino também se estendesse a ele, e isso realmente ameaçou sua vida, mas ele decidiu não concorrer à presidência dos Eua. O mais velho dos irmãos, Joe, foi o primeiro a ser derrubado pela maldição, pois ele estava destinado por seu pai a ser presidente e somente a morte o impediu de concorrer. Depois que ele encontrou uma subentidade de Freia, o destino de morte foi ativado.

Há muito mais para ser dito, mas, para cumprir o propósito deste trabalho espiritual, o que foi falado será suficiente.

Este comunicado espiritualmente válido pôs um fim à efetividade dos padrões espirituais estabelecidos no mundo anterior, não somente para os membros do clã dos Kennedy, mas para todas as outras subentidades de Amon. A maldição chegou ao fim.

Este comunicado precisa ser enviado para Larry King porque ele é o homem mais bem-sucedido no mundo da imprensa, por isso, ele representa a imprensa espiritualmente falando. O texto foi escrito com a permissão e a ajuda de Deus, Todo-Poderoso.

Obrigado por sua paciência.

John F. Kennedy Sr. e Jr., Joe Kennedy, Robert Kennedy, Anwar Sadat e o ex-rei da Jordânia, Hussein, que foi poupado de assassinato pela proteção espiritual que sua esposa, a rainha Noor, havia dado a ele.

John F. Kennedy Jr.

Palavras introdutórias à comunicação com o espírito John F. Kennedy Jr.

No sábado, eu trabalhei o dia todo escrevendo um artigo sobre Atlântida. Algumas vezes, eu recebo o *input* de uma fonte invisível por meio de processo telepático enquanto escrevo. Isso também aconteceu neste caso. Recebi *insights* fascinantes sobre a história de Atlântida; assim, fiquei a maior parte do dia na frente do computador. Posteriormente, na parte da tarde, senti-me cansado e fiz um intervalo. Ao ligar a televisão no canal CNN, havia importantes notícias: John F. Kennedy Jr. estava desaparecido junto com sua esposa e sua cunhada. O monomotor de Kennedy havia caído e uma busca pelo avião e sobreviventes estava sendo conduzida.

Era hora do chá. Minha esposa e eu gostamos de tomar uma xícara de café a essa hora (não somos britânicos). A queda do avião era o assunto que nos intrigava. O monomotor estava desaparecido desde a noite anterior. Como seria possível alguém sobreviver todo esse tempo nas águas geladas do hemisfério Norte? Minha esposa sugeriu que eu deveria verificar a possibilidade de comunicação com o espírito John F. Kennedy Jr. Ela achava que esta seria a maneira mais rápida e fácil de saber se havia sobreviventes.

Ao sentar à mesa do meu computador para continuar a história de Atlântida, comecei a escrever algo totalmente diferente. O espírito John F. Kennedy Jr. se comunicou. Aqui está expresso o que ele tinha para dizer:

17 de julho de 1999

Obrigado por responder ao nosso pedido de ajuda tão prontamente. Sou a entidade espiritual John F. Kennedy Jr. e também estou falando por minha esposa Carolyn e sua irmã Lauren.

Você acaba de ouvir as notícias na TV sobre meu acidente de avião. A busca ainda ocorre, mas ninguém pode mais nos achar. Quando o avião caiu, morremos no momento do impacto. De modo instantâneo, achamo-nos no lugar mais terrível que se possa imaginar. O inferno é tido como o lugar mais horrível que existe, porém a concepção de inferno no plano material de existência não consegue expressar, nem remotamente, a angústia e a dor que um ser sente quando se instalam os mecanismos espirituais de inferno. Nós três estamos unidos na morte e num destino pior do que a morte.

A morte é um ato de violência quando, por assassinato ou acidente, significa o término da vida da forma mais negativa possível. Os mecanismos espirituais envolvidos nessas situações são muito claros e rápidos. No instante em que a pessoa morre por um ato de violência, a entidade espiritual dessa pessoa é transferida para o inferno.

A comunicação com você já traz alívio. Sabemos que, quando terminarmos de falar com você, seremos capazes de deixar este lugar. Esse conhecimento, por si só, constitui um alívio mais significativo do que as palavras podem expressar.

COMUNICAÇÕES MEDIÚNICAS DA FAMÍLIA KENNEDY   61

O inferno não são chamas, não é o fogo. O inferno é reviver os eventos mais negativos da vida anterior que culminam com a morte. Para nós, não há muitos eventos para reviver. Vivenciamos o choque causado pelo mau funcionamento do motor e o medo da queda. O medo se agravou quando tomamos consciência de que o rádio do avião não funcionava devido à falha elétrica que interrompeu o funcionamento do motor. Quando as luzes se apagaram, ficamos em completa escuridão e nosso medo transformou-se em horror. Sabíamos que estávamos caindo e que não poderíamos contar com nenhuma ajuda. É isso que vivenciamos no inferno repetidamente.

Enquanto falamos, sentimos que nossas energias positivas estão se separando das energias negativas. Repentinamente não mais rememoramos essa sequência de eventos terríveis. Vemos nossas energias negativas vivenciando o mesmo terror sempre, porém não mais sentimos esse terror. Neste momento, uma força incrível está nos retirando deste lugar infernal. A jornada para fora deste local faz-se de modo tão rápido que encontro certa dificuldade para continuar falando com você.

Você sentiu o suspiro de alívio que eu acabo de dar. Chegamos a um local chamado Local de Espera de Partida para a Dimensão Positiva. Não sabemos o que isso significa, só sabemos que não sofremos mais. Chegamos a um bom lugar, e as pessoas que conhecemos e que já morreram estão se aproximando. Oh, Deus! Minha mãe e meu pai estão entre elas. Eu nunca vi minha mãe chorar, mas essas são lágrimas de alegria. Muitíssimo obrigado. Nós três agradecemos. Minha mãe quer enviar-lhe algumas palavras.

John

Eu sou Jackie. Falarei com você posteriormente sobre este evento. Neste momento, Jack e eu queremos expressar nossa gratidão por responder prontamente ao pedido de socorro de nosso filho. As palavras não podem expressar o quanto estamos aliviados. Uma vez mais, obrigada.

Jackie

19 de julho de 1999

Palavras introdutórias à mensagem do espírito de Jacqueline Bouvier Kennedy a respeito da morte de seu filho John F. Kennedy Jr.

Eu acabara de terminar um trabalho no meu computador quando o espírito Jackie Kennedy fez contato. Ela expressou seu desejo de tecer comentários sobre a transição de seu filho.

Eu não poderia sequer pensar em deixar de atender um pedido de tal natureza, principalmente vindo de uma dama com o charme, a graça e a determinação de Jackie. Eu lhe disse que atenderia com prazer. Eis o que ela desejou dizer:

Obrigada. Sinto-me perdida para tecer qualquer comentário sobre suas palavras mencionadas. Assim sendo, vamos pular esta parte para irmos diretamente ao cerne da questão:

A morte, aparentemente prematura, de meu filho ocorreu na época devida. Seu tempo havia acabado e a queda do avião fez com que acontecesse o que não podia ser evitado. Ser chamado na melhor época de sua vida não foi uma coincidência, foi uma necessidade para o estabelecimento de padrões espirituais para o futuro. Este será o futuro de todas as entidades espirituais que procedem de Amon, o soberano deste planeta ao final do mundo anterior. Quando ocorrer a mudança de mundo que está por vir, todas as entidades espirituais que descendem de uma única entidade no mundo anterior estarão unidas para serem uma só novamente.

O que foi dito requer uma explicação: um mundo é a situação espiritual em um planeta que está para vivenciar o que é chamado de "grande evento". Tal evento significa a alteração do campo eletromagnético do planeta. Quando isso acontece, o antigo mundo chega a um fim e surge um novo mundo. Eventos desse tipo são acompanhados de cataclismos de proporção global. Nos tempos modernos, todo conhecimento sobre esse tema está perdido. A ciência não acredita nas tradições dos povos antigos nem em predições de profetas, e o homem moderno não possui experiência nesses assuntos.

A situação espiritual do novo mundo que está por vir pode ser programada. Essa programação determina como a vida e as circunstâncias de vida serão no novo mundo. Tenho consciência de que isso soa estranho. Deixe-me traduzir em linguagem simples: seja qual for a situação anterior à mudança de mundos e como as pessoas acreditam que será o novo mundo, assim esse mundo será. Por exemplo, Jesus de Nazaré profetizou um novo mundo de amor e paz. A maioria dos habitantes deste planeta acredita nisso; assim sendo, o novo mundo será realmente um mundo de amor e paz; em resumo, um mundo de dimensão positiva. O assunto requer mais do que foi explicado, porém o que eu lhe disse dá uma ideia do que eu pretendia dizer.

O mundo anterior teve início como um mundo de vibração positiva. Há aproximadamente 5.800 anos, houve uma invasão procedente do espaço. Cinco clãs do planeta Lúcifer vieram para este planeta e se estabeleceram em lugares onde haviam colocado humanos 45.000 anos antes. Os deuses, como eram e ainda são chamados os seres humanoides do planeta Lúcifer, eram fugitivos. Seu planeta natal explodiu durante uma tentativa de mudança de dimensão.

Os deuses trouxeram com eles as situações muito negativas que conduziram à destruição de seu planeta natal. Com o tempo, os deuses do clã egípcio da Serpente ganharam superioridade sobre todo o planeta. Somente o clã japonês do Dragão sobreviveu, mas numa condição muito enfraquecida. O clã egípcio da Serpente se virou contra seus primos, os atlantes, que haviam imigrado para este planeta há milhares de anos.

Antes da última mudança de dimensão, os egípcios governaram este planeta e seu líder, Amon, é aquele de quem os homens do clã dos Kennedy descendem, bem como várias outras figuras políticas importantes. As entidades espirituais dos deuses e seus auxiliares, as deidades, não puderam entrar na nova dimensão que chegou para este planeta há aproximadamente 3.500 anos. Todos os deuses e deidades que estavam na superfície deste planeta, quando ocorreu a mudança de dimensão, pereceram. Somente os que se encontravam nas espaçonaves sobreviveram. Uma exceção foi a pequena menina de Atlântida, que não havia ainda se desenvolvido para além do tamanho de uma entidade espiritual humana e, por isso, pôde ir para o novo mundo numa forma física.

As entidades espirituais dos deuses e das deidades se dividiram em pequenas partículas, pequenas o suficiente para encarnarem em corpos humanos. Os humanos cujas entidades espirituais descendem de um deus ou uma deidade são chamados subentidades ou entidades paralelas daquele deus ou daquela deidade específica.

O que foi mencionado acima é necessário para possibilitar ao leitor entender o que vem a seguir: quando a pró-

COMUNICAÇÕES MEDIÚNICAS DA FAMÍLIA KENNEDY 65

xima mudança de dimensão acontecer, a nova dimensão desse novo mundo possibilitará que superentidades sejam novamente formadas. Todas as entidades espirituais que descendem de uma entidade espiritual originária se unirão novamente para formar uma superentidade encarnada em um único corpo. Espero que você compreenda tudo isso. Levei algum tempo para entender esse *mumbo jumbo*[5] espiritual que, entretanto, é um *mumbo jumbo* muito sério e importante.

Meu marido, Jack, porta o padrão espiritual da entidade Amon, sendo, de fato, Amon numa forma muito reduzida, visto que há muitas outras subentidades de Amon. Este padrão o fez ser presidente da nação mais poderosa do mundo e também lhe causou a morte.

Pouco após a última mudança de dimensão, uma mulher chamada Freia, um membro de panteão teutônico de deuses e deidades, assassinou Amon. Esse fato estabeleceu um padrão para que as subentidades de Amon fossem assassinadas quando ascendiam à posição de poder mais importante numa nação. Outra subentidade a compartilhar desse destino foi Anwar Sadat. Robert Kennedy foi morto quando estava para alcançar a posição mais importante de poder na nação.

Um caso especial é Bill Clinton, que não apenas descende de Amon, mas também é o que se chama de entidade paralela de Jack Kennedy. Isso significa que esses dois homens encarnaram na mesma pessoa na última vez. Quando essa pessoa morreu, as duas entidades formaram quem então se tornou Jack Kennedy e Bill Clinton.

---

[2] '*Mumbo jumbo*' é uma expressão inglesa que expressa uma situação ou acontecimento sem sentido. É uma forma de designar uma crença ou algo considerado não-existente ou surreal.

Há muitas semelhanças entre Jack e Bill, exceto duas questões mais importantes: Jack se distanciou de seu hábito de galanteria e foi assassinado. Bill Clinton não se distanciou desse comportamento nem vivenciou a situação de ser assassinado.

Quando Abraham Lincoln morreu, sua entidade se dividiu em duas: Bill Clinton herdou uma parte cujo padrão de morte violenta tinha sido vivenciado. Jack Kennedy herdou o padrão de morte violenta que ainda não havia sido vivenciado.

O padrão de Bill Clinton de ser assassinado já foi vivenciado. Porém, o ser que assassinou Amon no mundo preexistente foi uma mulher. Bill Clinton herdou o padrão de ser ferido por mulheres, quer elas queiram, quer não. No caso de Bill Clinton, a situação resultou em um *impeachment* que não foi vivenciado como um modelo espiritual, visto que o Senado não levou adiante as ações do Congresso. Consequentemente, Bill Clinton é o presidente que recebeu o *impeachment*, mas não foi destituído do cargo.

Isso nos leva a conhecer a importante tarefa na vida de Bill Clinton: os seres que preparam o próximo mundo para ser um mundo de amor e paz são os atlantes. Com o auxílio da cristandade e do islamismo, o líder espiritual deles estabeleceu o padrão espiritual para o próximo mundo. Com o propósito de evitar qualquer competição espiritual, o padrão espiritual que tem Amon como sendo o homem mais poderoso neste planeta precisa ser extinto. Bill Clinton está realizando essa tarefa. Isso significa que, no próximo mundo que virá, o poder de Amon será quebrado.

O mundo que virá terá o líder espiritual dos atlantes como governador supremo. Ele é conhecido neste mundo não por um nome, mas sim como Deus, Todo-Pode-

COMUNICAÇÕES MEDIÚNICAS DA FAMÍLIA KENNEDY   67

roso. Para que se conceda a esse homem o poder absoluto, cada subentidade de Amon, que possui o padrão espiritual de ser o primeiro homem do planeta, terá que renunciar a esse poder. Não é suficiente que Bill Clinton traga o padrão de *impeachment* para seu fim no período final deste mundo. As entidades espirituais portadoras do modelo da entidade de Amon também têm que renunciar ao seu papel como homem mais importante num mundo.

Agora, após esta longa explicação, eu posso contar por que meu filho John teve que morrer: tanto o pai Jack quanto o filho John carregam o padrão da entidade Amon. Quem mais possui esse padrão é o pai Jack. Mas o filho John o possui em nível suficiente para fazer com que também seja imperativa sua renúncia a esse modelo em favor de Amar, o atlante que é Deus, Todo-Poderoso.

Jack Kennedy, então presidente dos Estados Unidos da América, salvou toda a vida da extinção quando decidiu não invadir Cuba. Foi uma decisão que ele tomou porque optou pela continuação da vida. Jack Kennedy, agora um espírito que se encontra no Local de Espera de Partida para a Dimensão Positiva, opta pela vida novamente. Desta vez, é a continuação da vida para a eternidade. Ele mesmo não pode conseguir isso. Somente Amar, o ser de Atlântida, é capaz de fazer isso. Por isso, Jack Kennedy e, com ele, John F. Kennedy Jr. se afastam para dar lugar para Amar, o único ser que é Deus, Todo-Poderoso, de modo que a vida possa continuar em paz e com harmonia para toda a eternidade.

Jackie Bouvier

Aquela que sente muito orgulho por ser a esposa de um e a mãe do outro, dois homens cuja grandeza eu conheço e valorizo.

Sou o espírito John F. Kennedy Jr. Estou assistindo à missão de auxílio e recuperação de um plano espiritual de existência. É estranho assistir a esse processo de longe. Parece ser tão incompreensível que o destino tenha preparado para mim tão súbita saída do plano material de existência. A missão de resgate, todavia, foi um grande sucesso, o que provavelmente ninguém compreenderá. Meu sinal, meu grito por socorro foi prontamente atendido. Alguém tentou comunicar-se, com sucesso, com meu espírito atormentado e confuso, ajudou-me, de fato, e me resgatou do ambiente infernal que tive que experimentar após a colisão. Sinto-me grato pela ajuda da qual necessitava para escapar do meu inferno pessoal e poder dirigir-me para um plano espiritual de existência, onde minha mãe e meu pai se juntaram a mim. Imediatamente, senti-me abraçado pelo amor e pela ternura deles. Mesmo em termos de mundo espiritual, foi uma reunião com muita emoção.

Minha mãe derramou lágrimas de alegria. Pude senti-la abraçando-me e isso me confortou. Enquanto estava nesse abraço, todas as lembranças de minha vida passada vieram à tona. Por alguns instantes, eu me tornei consciente da minha infância e, então, toda a minha vida cintilou diante de mim, o que parecia acontecer em segundos. Tomei consciência de que este meu destino fazia parte da minha programação desde tempos antigos, porque, de repente, tanto conhecimento do passado derramou-se sobre minha entidade espiritual que eu compreendi os padrões espirituais do passado e sua importância para a humanidade.

Devo admitir que, mesmo como espírito, não sou um aprendiz que aprende de modo rápido e, a princípio, eu me senti confuso. Porém, minha mãe explicou tudo para mim e agora eu compreendo todos os detalhes. Estou desligado das minhas energias negativas, as quais deixei para trás, naquele local infernal ao qual elas pertencem.

Estou em boa companhia. Meus pais têm uma boa relação com aquele que é chamado Deus, Todo-Poderoso, e se comunicam com ele regularmente, o que os faz compreenderem que tudo acontece por alguma razão. Minha mãe está me transmitindo todo o conhecimento necessário e, finalmente, eu compreendo o significado do destino. Ela admitiu que sempre teve o desejo de conversar comigo desde que faleceu, que sempre esteve preocupada com meu bem-estar e que me observava com muita atenção. Bem, agora, o desejo dela se concretizou. Nós estamos unidos e muito felizes. Ela aprovou a escolha de Carolyn, minha esposa, minha alma gêmea, com quem minha mãe tem muito em comum. Ela também está feliz por, finalmente, conhecer Carolyn, que, juntamente com Lauren, está sendo consolada neste lugar de existência espiritual.

Sinto-me assombrado com o sentimento de pesar relacionado à minha morte que chega até mim. Faz bem ser lembrado por tantas pessoas. Desde a minha infância, fui considerado uma pessoa pública. Nunca optei por isso, mas não tive escolha. Simplesmente me acostumei ao fato e tentei fazer o melhor possível. Nunca pretendi obter toda aquela publicidade. Estou vendo tudo o que está acontecendo em relação à minha morte repentina. Estou maravilhado por ver todo o esforço feito para recuperar meu corpo. É realmente muito estranho assistir, indiferente, à extensa missão de recuperação como um espírito que está sendo desligado do corpo.

As únicas emoções que eu experimento são as que estão relacionadas com o sofrimento que causei aos demais familiares. Sinto por ter tido que causar tanta dor.

70   RICH ANDERS

Foi um choque para todo mundo, mas minha família terá sucesso em superar a dor. Eles são pessoas fortes e prosseguirão sem se desviarem do caminho que lhes foi traçado. Gostaria que as pessoas não lamentassem, mas se alegrassem com a minha partida. Eu me mudei para um lugar melhor do que este mundo material, seguindo o caminho traçado para me levar para mais perto de Deus, Todo-Poderoso.

Eu só sinto por Rory,[6] cujo dia de alegria e felicidade eu atrapalhei de um modo tão drástico. Espero que ela aceite minhas desculpas e compreenda minha ausência. O destino decidiu contra a minha participação no enlace, porque minha presença era requisitada num lugar diferente, o qual me era desconhecido. Estou muito feliz por ter encontrado minha destinação.

Sinto-me sensibilizado pela solidariedade demonstrada pelo público. Eu observo essa solidariedade por parte de todas as pessoas em todo o país. Estou muito surpreso ao constatar o quanto me tornei popular após a morte. Não acredito já ter sido tão popular desde que era um menino, quando fiz continência no funeral de meu pai.

Eu espero ser lembrado como John F. Kennedy Jr., que teve que deixar este mundo porque esta foi a vontade de Deus. Por isso, não lamentem. Apenas se lembrem de mim e alegrem-se, pois eu vivo numa dimensão espiritual com os amados que me antecederam.

John F. Kennedy Jr.

Obrigado por esta oportunidade de comunicar-me com você. Eu estava muito desejoso de obter alívio expressando meu sentimento ao público. Vou contatá-lo novamente se eu puder.

[3] Rory Kennedy, prima de John Kennedy Jr. Ele estava indo ao casamento dela quando o acidente que o vitimou aconteceu.

22 de julho de 1999

Bom-dia, sou a entidade espiritual John. F. Kennedy Jr. Este foi um dia muito emocionante para Carolyn, Lauren e para mim mesmo. Eu e os demais espíritos neste plano de existência assistimos à cerimônia de adeus, que foi tão comovente que as palavras não conseguem descrever. Nunca imaginamos que isso pudesse acontecer. Sentimos a dor de nossos parentes e amigos. A tristeza deles nos sensibilizou, mesmo estando em um plano de existência positiva como este. Foram sentimentos negativos que nos fizeram sofrer, caso contrário, não teríamos por que sofrer.

Estamos em um estado de existência espiritual no qual existem apenas sentimentos positivos, enquanto os sentimentos negativos causados pela dor e lamento por nossa morte não forem enviados em nossa direção. Nosso destino nos trouxe para uma existência de alegria e felicidade, que compartilhamos com nossos amados que nos precederam. Todos nós desejamos que nossos amados que ficaram para trás possam entender que eles deveriam ficar felizes por nós.

Estamos em um plano de existência espiritual chamado Local de Espera de Partida para a Dimensão Positiva. Esta é uma situação temporária em que todos estão esperando, com alegre expectativa, por uma nova era que está por vir no Universo.

Obrigado por escrever esta mensagem que eu quis enviar para aqueles que deixamos para trás.

John F. Kennedy Jr.

Participação

secundária

Richard Nixon

Richard Nixon teve uma participação muito importante nos acontecimentos relativos à saga dos Kennedy, conforme os acontecimentos se desenrolavam em Washington. A vida dele em si foi uma tragédia de proporções históricas.

A amizade inicial de Nixon com Jack Kennedy se transformou numa amarga competição e numa paranoia sobre uma batalha que ele não poderia vencer. A história se repetiu quando o antigo deus Sator – Nixon – encontrou a antiga deidade Amon – Jack Kennedy.

Numa rebelião das deidades contra os deuses, Amon defendeu os deuses e obteve controle sobre o clã da Serpente egípcio. Sator foi destituído da posição de líder inquestionável do clã e esse fato predestinou a trajetória de Nixon. Numa repetição desse destino, ele estava marcado para se tornar o presidente que seria destituído do cargo pelas evidências que suas próprias gravações forneceram. Como seu rival implacável, Jack Kennedy, não estava mais em cena, Nixon teve que se autodestruir para que seu destino fosse cumprido.

Até os dias de hoje, muitas pessoas se perguntam como a grandeza exigida em um homem para se tornar presidente pode estar emparelhada com traços de caráter que, em última instância, trariam a sua derrocada. A carreira de Nixon teve muitos altos e baixos. Sua

76 RICH ANDERS

habilidade em retornar à cena política era impressionante. Como uma bola de borracha, ele saltava para trás quando atingia o fundo do poço, até que saltou alto o suficiente para alcançar a presidência dos Estados Unidos. Sua natureza estava perfeitamente esboçada para a ascensão e queda. Uma vez que Richard Nixon se tornou presidente dos Estados Unidos, seu destino foi selado.

24 de junho de 1999

Boa-tarde. Sou a entidade espiritual Richard Mulhouse Nixon. Obrigado por responder ao meu chamado. Você esperou para conversar comigo em diversas ocasiões, porém, agora é a hora certa.

Tenho uma longa história para contar. Quando você se sentir cansado, por favor, não hesite em fazer um intervalo. Não há pressa alguma e, caso você deseje, poderemos continuar esta comunicação numa outra ocasião. Vamos, então, começar:

Meu modesto início de vida foi um dos muitos obstáculos que eu tive que superar na minha existência passada. Deixá-lo totalmente para trás não foi possível. As lembranças da pequena e tumultuada casa onde passei minha infância nunca me abandonaram. Meu desejo de sair daquele ambiente queimava minha mente como um fogo que não se apagava. Muito cedo, na infância, eu tomei consciência de que o único modo de deixar aquele tipo de vida era por meio da educação.

Eu li todos os livros que podia obter, e essa paixão pela leitura nunca me abandonou. Quando os outros estavam se divertindo, pescando, eu era atraído para outro livro. Quando as outras pessoas estavam se distraindo, relaxando, eu me distraía lendo sobre qualquer coisa que, mesmo remotamente, pudesse me ajudar a tornar a vida melhor. Não me entenda mal. Eu não perdia nada, porque essa era a maneira como eu me distraía. Ler e adquirir conhecimento constituíam uma paixão que me trouxe mais satisfação na vida do que o divertimento e o lazer.

Como adolescente, eu tive que fazer uma escolha que consistia em descobrir a melhor maneira de me libertar daquele meio que parecia sufocar toda minha vida, pois nada é pior do que a restrição causada pela pobreza. A decisão foi tomada depois de muitas horas de reflexão e deliberação. Eu ponderei que a única carreira na qual meu modesto início poderia transformar-se numa vantagem era a política. Ajudou o fato de que eu já estava interessado na política, mas não era somente interesse; eram também talento e boa sorte.

Quando o sucesso começou a modelar minha carreira política numa idade ainda jovem, eu achei isso bom e comecei a trabalhar muito para chegar ao topo. Eu tive que morrer para poder saber o que realmente dirigiu minha carreira. Só então tomei consciência de que forças invisíveis incrivelmente fortes dirigiram meu destino para o sucesso, quando esse era necessário, e para o descrédito quando meu sucesso teve que terminar no interesse do futuro da humanidade.

Vamos diretamente para o lugar mais importante na minha vida anterior: para Washington DC, a capital dos Estados Unidos da América e o centro da força política. Quando eu lá cheguei como o jovem senador da Califórnia, estava determinado a fazer uma carreira política que este país jamais havia visto. Eu não poderia, então, saber de que forma isso aconteceria. Meu desejo se tornou realidade, porém não de um modo que me trouxesse orgulho, e tal fato fere meus sentimentos mesmo após a morte do corpo. Com esta comunicação destinada a ser publicada, eu tenho a chance de explicar o que ocorreu durante minha carreira como o político na posição mais importante dos Eua.

Os fatos negativos de minha vida, conforme mencionados na imprensa, são muito bem conhecidos. Os feitos positivos da minha carreira política são conhecidos, mas não foram realmente tratados como seria necessário para melhorar minha imagem como um presidente que teve que renunciar. Assim sendo, para os livros de história, eu sou o cara mau, aquele que fez truques sujos e jogou sujo para ter sucesso sobre seus oponentes. A verdade é que os métodos que eu utilizei destruíram minha própria carreira política e não causaram danos reais aos meus adversários.

Fala-se que a rivalidade com Kennedy fez com que eu usasse os métodos que, em última instância, causaram minha própria derrota. Isso é verdade, porém, os motivos dessa situação me eram desconhecidos quando essa rivalidade transformou a amizade em animosidade e em guerra política. Eu só fiz o que achei necessário para me defender não de um, mas de três oponentes que, miraculosamente, fizeram tudo certo aos olhos do público, enquanto que eu tive muita dificuldade para endereçar minha mensagem ao povo americano, visto que Kennedy era meu oponente.

Quando eu morri, tomei conhecimento da rivalidade entre Nixon e Kennedy. Nunca, nem mesmo em meus bizarros sonhos, eu teria pensado que forças do destino, invisíveis, mas muito poderosas, estariam trabalhando para isso. Para explicar esta afirmação, tenho que retroceder no tempo, para uma época muito distante. Também tenho que lhe contar a mais extraordinária história sobre uma invasão proveniente do espaço que este planeta vivenciou há aproximadamente 5.800 anos.

O sistema solar mostra um anel de asteroides onde um planeta que se chamava Lúcifer deveria estar em órbita.

Ele não se encontra presente porque explodiu há aproximadamente seis mil anos. Os fragmentos desse planeta compuseram toda a matéria do sistema solar, com exceção dos planetas. Os anéis de matéria ao redor dos planetas gasosos, das luas, dos meteoros, dos asteroides e cometas se originaram da explosão desse planeta gigante.

O planeta Lúcifer era o lar de uma raça de seres superinteligentes que se denominavam deuses. Eles não conheciam nenhum tipo de organização política, pois estavam organizados em clãs de famílias, tendo animais como símbolos desses clãs. Originalmente, os deuses eram a raça mais inteligente e evoluída de seres no Universo. Por causa das leis espirituais, uma vez que o ápice da evolução fosse alcançado, os deuses continuavam a crescer na força de suas mentes. Mas, desde então, espiritualmente eles se voltaram para as forças negativas e, no final de tudo, tornaram-se os seres mais negativos do Universo.

Os deuses, anteriormente pacíficos, estavam em guerra uns com os outros. Quando um deles se tornou tão forte a ponto de ser capaz de iniciar uma mudança de dimensão no planeta Lúcifer, consoante seu próprio código genético, os outros clãs fugiram para o espaço. Eles sabiam que tal mudança teria significado o fim de todos os deuses que não possuíssem o mesmo código genético do clã do Dinossauro, o fomentador dessa tentativa. A mudança de dimensão falhou, e o cataclismo resultante destruiu o planeta Lúcifer.

Os deuses que estavam no espaço não puderam retornar para seu planeta natal. Em vez disso, eles invadiram este planeta, onde, há aproximadamente 45.000 anos, tinham colocado seres que haviam sido produzidos em laboratórios de biogenética. Com o propósito de utilizarem esses recursos humanos, os diversos clãs aterrissaram

80 Rich Anders

onde tinham plantado seus humanos. O clã da Serpente aterrissou no Egito; o clã do Touro aterrissou na ilha de Creta e na Mesopotâmia; o clã da Águia aterrissou em Mindanau e viajou pelo Pacífico até o Peru; o clã do Tigre aterrissou no Himalaia; e o clã do Dragão, no Japão.

Os deuses se defrontaram com a enorme tarefa de estabelecer um novo ambiente que não era perfeito para eles. Como a dimensão material deste planeta era um pouco diferente da dimensão de seu planeta natal, eles experimentaram um esgotamento excessivo de sua energia espiritual. Eles remediaram esse problema até um determinado ponto com a implementação do ritual de sacrifícios humanos, que eram realizados para prover energia espiritual utilizada para o padrão espiritual deste planeta.

Sistemas religiosos foram introduzidos em todo o mundo para subjugar e explorar a raça humana espiritualmente. Sistemas políticos foram implementados para o controle da população humana. A implementação de todos esses sistemas é conhecida com a história. Os locais onde os deuses se estabeleceram são chamados berços da civilização.

Uma vez instalados, os clãs voltaram a guerrear entre si conforme haviam feito no planeta Lúcifer. Durante centenas de anos, o clã da Serpente dizimou o clã do Touro e o clã da Águia. O clã do Dragão aniquilou o clã do Tigre. No conflito dos dois clãs remanescentes, o clã da Serpente saiu-se vitorioso. Incidentalmente esta batalha é mencionada na Bíblia: "Miguel e seus anjos lutaram contra o dragão, e o dragão batalhou, com seus anjos, mas não triunfou" (Apocalipse 12,7-8).

O clã do Dragão teve que se retirar para o Japão e ficou muito enfraquecido para guerrear pela supremacia deste planeta. Isso deu oportunidade ao clã da Serpente de se voltar contra os deuses que tinham habitado este planeta durante muito tempo. Eles descendiam do clã da Serpente e haviam fugido do planeta Lúcifer para este planeta, quando sua sobrevivência em Lúcifer foi ameaçada. Enquanto os deuses em Lúcifer haviam retrocedido, os atlantes permaneceram no topo da evolução.

O clã da Serpente invadiu a Atlântida. Doze dos atlantes se tornaram prisioneiros por sua própria vontade com o propósito de se tornarem equiparados com a situação espiritual negativa dos invasores. O objetivo deles era realizar esse feito na dimensão material negativa que os deuses do clã da Serpente estavam preparando. Voltaremos a falar sobre o assunto mencionado acima um pouco mais tarde. Por agora, vamos lidar com a situação que programou o curso dos eventos milhares de anos depois, durante meu confronto com os irmãos Kennedy.

Quando os deuses egípcios invadiram este planeta, eles trouxeram consigo múmias. Havia células vivas nessas múmias, e os deuses usaram-nas para produzir seres humanoides. Os seres, que originaram esse processo, eram chamados deidades. Essas deidades foram produzidas fisicamente em laboratórios de biogenética, mas para se tornarem seres vivos produtivos, elas precisavam de energias espirituais. Os deuses dividiram suas próprias energias para suprir as energias das deidades. Tal fato foi considerado uma continuação da vida dos deuses. Isso também estabeleceu mecanismos espirituais, de modo que as energias espirituais absorvidas por uma deidade eram transmitidas aos deuses, cujas energias haviam sido utilizadas para trazer à vida uma determinada deidade.

As deidades eram as auxiliares dos deuses. A disciplina era dura e a menor desobediência trazia como consequência a tortura e a morte. Com o objetivo de usar o potencial espiritual das deidades, que geralmente tinham uma aparência muito bonita, panteões de deuses foram edificados com as divindades posando como deuses. O panteão grego dos deuses foi, em realidade, um panteão de deidades, como foi a maioria dos outros.

Os deuses eram baixos e feios. Eles ainda são conhecidos na Escandinávia como *trolls* (anões do folclore escandinavo), *dwarfs* (anões na Alemanha), *hunas* (hunos no Havaí) e como *tikis* (tikis no Pacífico Sul). Eles retrocederam até o ponto de não poderem mais se reproduzirem fisicamente. Quando não puderam mais se reproduzir, nem mesmo em laboratórios genéticos, decidiram transmitir suas entidades espirituais para as deidades.

As entidades dos deuses eram muito grandes para uma deidade. Ao se dividirem em várias deidades, os deuses experimentaram uma ressurreição de toda espécie. O problema para os deuses remanescentes foi que essas deidades possuíam energias espirituais muito fortes. Elas não se consideravam deuses. Em verdade, elas se rebelaram contra os deuses. Seu líder, Amon, uma deidade muito poderosa, massacrou todos os deuses remanescentes com exceção de uns poucos que estavam envolvidos na preparação da mudança das dimensões que estava por acontecer.

Por ocasião dessa mudança de dimensão, os deuses e as deidades pereceram, pois a nova dimensão era designada somente para os humanos. Somente uma pequena menina da Atlântida sobreviveu em forma física porque sua entidade não havia ainda alcançado o tamanho de uma entidade humana. As entidades espirituais dos deuses e das deidades se dividiram em muitas minúsculas partículas, num tamanho suficiente para encarnarem em corpos humanos.

Sou descendente do líder dos deuses do clã da Serpente, de nome Sator, cuja vida tinha chegado ao fim quando

Amon e as deidades se rebelaram. Eles tiraram Sator do poder. Os irmãos Kennedy, Bill Clinton e também outros líderes mundiais, tais como Anwar Sadat do Egito o e rei Hussein da Jordânia, descendem de Amon.

Quando os irmãos Kennedy e eu nos encontramos como oponentes políticos, padrões espirituais antigos foram revividos. Eu era aquele que portava o padrão de força política de Sator, mas era também aquele cujo destino incluía ser derrotado pelos irmãos Kennedy. John F. Kennedy seria o destinado a me manter afastado do poder quando eu concorri à presidência pela primeira vez. Ted Kennedy era aquele que me destituiria de autoridade. Robert Kennedy enfrentou as forças do destino quando fez oposição a mim na época em que eu teria que me tornar presidente. Por isso, ele foi assassinado antes que pudesse interferir em minha candidatura.

O destino providenciou para que eu não somente perdesse a batalha contra Jack Kennedy uma vez mais, mas também que eu fosse retirado do cargo de maior prestígio político e força militar. Eu tive que vivenciar novamente o destino de épocas remotas por razões muito importantes. Sator era o mais importante de todos os deuses egípcios. Ele era também o ser mais negativo do Universo. Consequentemente, Sator é sinônimo de diabo. Ele é o senhor espiritual deste mundo. Por representar o diabo, eu tive que ser destituído do cargo.

As pessoas terão que se voltar contra o mal para poderem estabelecer o padrão espiritual para o novo mundo, que significará a inexistência de tudo que seja negativo.

Tudo está bem quando termina bem. Após a morte do meu corpo, minhas energias espirituais se dividiram. As energias negativas foram para o inferno, que é o lugar adequado para elas, porque Richard Nixon fez muitas coisas negativas e estúpidas. Desse modo, estou muito contente pelo modo como as coisas terminaram. Jack Kennedy salvou toda a vida da extinção, algo que eu não teria sido capaz de fazer. Durante a crise dos mísseis de Cuba, eu teria atacado e teria, assim, realizado a tarefa que o princípio negativo tinha designado para mim: o aniquilamento de toda a vida neste planeta.

Esta é uma longa história e, ainda assim, muito resumida, pois a descrição em detalhes dos eventos que eu mencionei encheria bibliotecas inteiras. Gostaria de lhe agradecer por sua cooperação e sua paciência ao escrevê-la. Termino de falar sobre esse tema agora, mas retornarei para lhe dar detalhes de eventos importantes da minha presidência. É meu ardente desejo provar ao povo americano que o presidente Nixon foi uma vítima de circunstâncias poderosas que trabalharam contra ele. Quero esclarecer que minha intenção de servir o povo americano foi nobre, embora meus métodos não tenham sido.

Richard Nixon

Frank Sinatra

O destino faz parceiros sexuais estranhos. O cantor Frank Sinatra, o presidente Jack Kennedy e o mafioso Sam Giancano eram exatamente isso. Judith Campbell era o elo entre os leitos desses 'confrades.

Frank Sinatra era conhecido mundialmente como cantor. Ninguém sabia sobre sua carreira política, nem ele mesmo. O papel de Sinatra para a eleição de Jack Kennedy teve importância crucial. Os votos dos sindicatos, que estavam sob o controle de seus companheiros mafiosos, decidiram o resultado. Isso colocou o homem certo no lugar certo, na hora certa.

Como presidente dos Estados Unidos, Jack Kennedy solucionou a crise dos mísseis de Cuba de modo pacífico e evitou um confronto nuclear, o que teria trazido um fim à vida neste planeta. Sem o auxílio de Frank Sinatra, Jack Kennedy não teria se tornado presidente naquela época. Sinatra merece o crédito por sua participação em manter a Guerra Fria numa guerra realmente fria.

4 de junho de 1999

Boa-noite para você.
Sou a entidade espiritual Frank Sinatra.

86   RICH ANDERS

Você provavelmente viu partes do filme *The Rat Pack*.[7] Você sabe tanto sobre o *background* de eventos de importância global que tem consciência do importante papel que eu tive, não somente como cantor, mas também como participante da cena política, por mais estranho que isso possa parecer. Explicar esta declaração leva algum tempo. Portanto, tenha paciência.

O grande acontecimento de minha participação política secundária foi a eleição de John F. Kennedy como presidente dos Estados Unidos da América. Ele foi predestinado para garantir a continuação da vida neste planeta.

A eleição presidencial foi precedida pela competição para a indicação do nome pelo Partido Democrático. Kennedy não possuía um bom começo. O fato de ser católico e cidadão da Nova Inglaterra constituía um obstáculo. Uma coisa era concorrer para uma cadeira no Senado em Massachusetts; outra coisa totalmente diferente era buscar a indicação do Partido Democrata para a corrida à presidência dos Estados Unidos. Preconceitos regionais, raciais e religiosos fortemente se opuseram ao rico playboy da Nova Inglaterra.

A primeira vez que eu ouvi Jack Kennedy discursar foi em 1956. Eu fiquei mais do que impressionado. Senti-me tomado por uma admiração e amizade instantânea por aquele jovem político promissor. Achei que ele era tudo de bom. Agora eu sei que, naquela época, eu estava sendo influenciado telepaticamente para ser a favor de John F. Kennedy, que precisaria da minha ajuda para se tornar presidente dos Estados Unidos. As forças do destino ha-

[4] Rat Pack é o apelido dado a um grupo de artistas populares entre meados da década de 1950 e de 1960. Sua formação mais famosa foi composta por Frank Sinatra, Dean Martin, Sammy Davis Jr., Peter Lawford e Joey Bishop, que apareceram juntos em filmes.

COMUNICAÇÕES MEDIÚNICAS DA FAMÍLIA KENNEDY   87

viam planejado minha carreira como cantor e como arrimo político de John F. Kennedy de modo muito eficiente.

Eu passei minha infância numa vizinhança italiana que gerou alguns dos mais importantes gângsteres deste país. Eu cresci junto deles, e a lealdade e as amizades de longa data provaram ser elementos decisivos para a eleição de Jack Kennedy. Existe poder de todo tipo neste país. O poder de meus antigos amigos gângsteres se manifestou de modo impressionante por meio do trabalho dos sindicatos que eles dominavam. A ordem dos chefes do crime organizado facilmente sobrepujou os obstáculos religiosos, raciais e regionais. Houve vitória nos estados considerados críticos e Hubert Humphrey se retirou da corrida para a indicação pelo Partido Democrata. Então, John F. Kennedy adentrou no maior combate de sua carreira política: manter a presidência longe do homem que tinha tudo a seu favor, Richard Nixon.

Nixon era o político mais sagaz que a cena política americana tinha visto num longo período. Ele era ambicioso, batalhador, firmemente imiscuído com o ambiente político de Washington. Ele era um adversário temível. Sua vitória era praticamente certa.

Eu estava obcecado com a ideia de ter Jack Kennedy como o próximo presidente dos Estados Unidos da América. Jack e eu nos tornamos amigos, bons amigos, eu achava. Havíamos passado bons momentos juntos, mas sua esposa Jackie não gostava disso. Meu ego e meus sentimentos sinceros de amizade por Jack foram feridos por eu ter sido banido de seu círculo pessoal familiar e de amigos. Porém, Jackie Bouvier era uma força considerável, e nem mesmo Jack Kennedy se atreveria a desafiá-la em assuntos que ela considerasse importantes.

A corrida para a presidência dos Estados Unidos foi muito dura. O apelido de Nixon, *Tricky Dick* (Dick Malandro),

88   RICH ANDERS

já dizia tudo. Entretanto, Nixon cometeu erros cruciais que eu, então, não compreendi. Como poderia um homem tão inteligente quanto Nixon ter um desempenho tão fraco durante os debates? Ao invés de atacar Jack Kennedy, Nixon estava tentando ter um desempenho civilizado, o que definitivamente não era seu forte. Como poderia Nixon desconsiderar alguns de seus principais partidários com declarações políticas tendenciosas? Como poderia um político experiente, do calibre de Nixon, participar de uma disputa que eu considerava muito fraca? Agora eu sei que Nixon e seus conselheiros estavam sujeitos às inspirações telepáticas que lutaram intensamente contra sua campanha.

Trabalhei muito para dar à campanha de Jack o impulso adicional de que ela necessitava. Eu fomentei a campanha dele com meus amigos gângsteres, dando-lhes esperanças de que o homem que estaria na Casa Branca seria condescendente com a causa deles por ter um contrabandista de bebidas na família e também por causa do suporte que eles haviam dado à sua campanha.

Os sindicatos apoiaram Jack Kennedy e esse fato proporcionou um impulso adicional muito necessário em outros grupos que representavam os americanos pobres, cujos votos seriam decisivos para o resultado da eleição.

Eu trabalhei intensamente para conseguir patrocinadores e contribuições de pessoas que eu sabia que tinham dinheiro para gastar na campanha de Jack. Os esforços compensaram. Jack Kennedy foi eleito presidente por uma margem muito pequena de votos, mas foi eleito. Eu fiquei feliz e aliviado. Eu não entendia muito bem meus sentimentos. Por que isso tinha se tornado tão pessoal? Não havia vantagem alguma que eu pudesse tirar dessa eleição, a não ser ter um amigo na Casa Branca. Agora eu sei que senti as emoções das forças invisíveis que me guiaram telepaticamente. Elas sabiam do significado grandioso que o resultado da eleição tinha para a continuidade da existência da humanidade. Eu senti a alegria e o alívio dessas forças.

Ao relembrar, percebo que minha própria situação começou a mudar para pior assim que Jack Kennedy se tornou presidente. Eu não entendi o fato na época e, por algum tempo, eu não percebi que o presidente dos Estados Unidos tem limitações quanto ao que ele pode fazer. Algo que ele não poderia fazer era socializar com um amigo íntimo de gângsteres, em outras palavras, comigo.

De fato, Jack era descuidado de muitas maneiras. Com isso, quero dizer não somente com sua galanteria. Ele não se afastou de mim. Foi Bobby Kennedy quem fez o papel da voz da razão. Ele fez Jack tomar consciência de que ser o presidente dos Estados Unidos significava que ele não poderia fazer o que desejasse. Ele tinha que fazer o que a dignidade de seu cargo demandava. Isso me colocou numa situação muito difícil com meus amigos gângsteres, pois eles presumiam que eu teria influência sobre o presidente dos Estados Unidos para facilitar as coisas para eles. Eu havia arrecadado muito dinheiro, devo confessar. Havia também a questão de Judy Campbell, que servia como elo entre o presidente Jack Kennedy e Sam Giancano, o gângster. Ela dormia com os dois homens, uma situação verdadeiramente insustentável quando foi descoberta por J. Edgar Hoover, o chefe do Fbi e grande inimigo da presidência Kennedy.

Hoover se certificou de que o irmão Bobby soubesse do papel duplo de Judy Campbell como parceira sexual do presidente e do gângster. No momento em que Bobby soube disso, as coisas pioraram. Ele insistiu que Jack reconsiderasse sua relação comigo. Enquanto, antes, a esposa de Jack, Jackie, tinha sido a razão de eu ter sido banido do círculo íntimo dos Kennedy, agora considerações políticas exigiam que o presidente se mantivesse distante de mim. Ele cancelou sua estada na Flórida no lugar que eu havia preparado para ele com orgulho e muita alegria. Eu me sentia destruído, mas havia muitas coisas piores por vir.

O irmão Bobby havia se tornado procurador-geral. Ele usou sua posição para se voltar contra as mesmas pessoas que, em verdade, haviam colocado seu irmão na Casa Branca. Eu não sei quantos votos minha atuação e meu suporte público para a campanha de Kennedy haviam conseguido. Eu me orgulho de dizer que, provavelmente, centenas de milhares de votos. O auxílio dado pelos sindicatos dominados por meus amigos gângsteres, por certo, trouxe milhões de votos. Ao invés de terem um amigo na mais alta posição desejada, os gângsteres agora tinham um inimigo determinado a persegui-los com toda a força que tinha, e que era muita. Bob Kennedy mirou nos gângsteres e obteve muito sucesso em levá-los à justiça.

Eu fiquei com um grande problema. Meus apelos para pararem com a campanha contra o crime organizado, feitos de modo muito evidente e público, foram em vão. Bobby convenceu o irmão a limpar a cena americana dos gângsteres, dizendo que isso era a coisa certa a ser feita. Esse tipo de trabalho era também muito perigoso. Tive sorte de sair daquela situação com vida.

Perseguir um gângster por crimes cometidos era algo com que os chefes do crime organizado estavam acostumados. De vez em quando, um deles era preso e mandado para a cadeia. Porém, Robert Kennedy, o procurador-geral, perseguiu toda a instituição do crime organizado. Isso era procurar um problema muito sério, e ele conseguiu esse problema para si mesmo e para o irmão Jack Kennedy, o presidente.

COMUNICAÇÕES MEDIÚNICAS DA FAMÍLIA KENNEDY   91

Havia outra questão muito séria surgindo em outra frente: Krushchev, o líder soviético, havia enviado mísseis nucleares para Cuba. Jack Kennedy tinha o destino do mundo em suas mãos, e ele fez a escolha certa. Ele decidiu contra os falcões em seu próprio governo e, desse modo, salvou o mundo de um desastre nuclear. Essa era a grande tarefa para a qual as forças do destino precisavam dele na Casa Branca. Durante todo o tempo dessa crise, Jack Kennedy foi influenciado telepaticamente. Imagens da devastação que o armamento nuclear traria para este planeta foram transmitidas para ele incessantemente. As consequências de uma decisão errada ficaram muito claras para ele. Os soviéticos tiveram que recuar e Jack Kennedy tinha, assim, um inimigo poderoso e irado: Krushchev.

Outro inimigo implacável era Fidel Castro. A lembrança da invasão da Baía dos Porcos constituía um lembrete permanente para ele de que o presidente americano queria pegá-lo. Ele também sabia que Jack e Bob Kennedy haviam estabelecido uma força-tarefa para assassiná-lo. Essa força-tarefa foi criada dentro da CIA, em associação com gângsteres americanos que tinham laços com Cuba desde a época em que mantinham cassinos na ilha. O plano da CIA era usar os gângsteres para essa operação, pois o pessoal da CIA sabia que eles conheciam todo o movimento em Cuba.

Foi Krushchev quem decidiu sobre o assassinato de Kennedy. Os oficiais do KGB ordenaram a Fidel Castro que preparasse a operação contra o presidente americano, e ele alegremente concordou com a execução do plano. O serviço secreto de Castro havia descoberto o plano para assassiná-lo. A lealdade dos gângsteres era somente para com o dinheiro e, além disso, eles haviam ficado extremamente nervosos por causa da campanha de Bobby Kennedy contra o crime organizado.

– Obrigado por afastar o gato. Seu constante miado me deixava nervoso. Vamos prosseguir com o comunicado.

De qualquer modo, todas as peças do quebra-cabeça ficaram em seus devidos lugares. A mesma organização que Jack e Bobby Kennedy haviam criado para assassinar Castro voltou-se contra eles. De Cuba, os gângsteres garantiram que havia um apoio poderoso para o projeto de assassinato do presidente e, avidamente, começaram a preparar o assassinato do presidente dos Estados Unidos da América.

Alguém mais fornecerá informações sobre a conspiração e as partes envolvidas, não somente no assassinato, como também no posterior acobertamento da verdade. Desse modo, somente irei dizer que Jack Kennedy estava condenado assim que esse projeto foi deliberado. Os gângsteres americanos contrataram três assassinos profissionais procedentes da ilha francesa Córsega para garantirem que ninguém chegaria até eles, caso os assassinos fossem capturados.

O presidente Kennedy foi assassinado em Dallas. Ele morreu como um herói cuja tarefa de salvar a vida deste planeta da extinção será lembrada na história do Universo que virá. Minha participação não será reconhecida neste mundo. Entretanto, na história do mundo de acontecimentos positivos que está por vir, o papel do cantor Francis Al Sinatra será conhecido e celebrado como sendo o papel do homem que teve uma contribuição decisiva para colocar Jack Kennedy no lugar certo, na época certa.

Eu poderia contar muito mais. Porém, esta comunicação foi difícil e custou-lhe muita energia. Você está cansado e, assim sendo, vou chamar isso de um dia, ou melhor, de uma noite, pois já é muito tarde.

Obrigado por escrever tudo isso. Conversaremos mais tarde.

Frank Sinatra

Contrato para matar

Krushchev trabalhou muito nas fileiras do Partido Comunista da União Soviética para se tornar primeiro-secretário. Como tal, ele era também o comandante-chefe da mais poderosa força militar depois dos Estados Unidos e da OTAN.

Krushchev era um homem mau, implacável, sem nenhuma consideração pela vida humana. Algumas fontes declararam que ele foi o responsável pela morte de não menos do que 10 milhões de pessoas quando implementou a regra de ouro do comunismo na Ucrânia. Krushchev, com força e no topo do poder político e militar soviético, poderia tornar este mundo um lugar muito perigoso.

A crise dos mísseis de Cuba foi um feito de Krushchev, e uma guerra nuclear foi impedida somente porque o presidente Kennedy foi capaz de conter a situação em Washington. O Politburo[8] dispersou a ameaça em Moscou e Krushchev teve que recuar. Ele se sentiu muito humilhado. Sua vingança colocou o mundo novamente à beira de uma guerra nuclear.

[8] Órgão supremo do governo na antiga União Soviética, submetido apenas ao Comitê Central.

93

Krushchev ordenou o assassinato do presidente Kennedy. Se a participação dele no assassinato do presidente americano tivesse se tornado pública logo após o evento, uma guerra nuclear seria a provável consequência. Uma vez mais essa ameaça foi dispersa, porém o Politburo já tinha suportado demasiadamente o atrevimento de Krushchev e ele foi, então, destituído de seu cargo como primeiro-secretário. Ele foi exilado para sua *datscha*[9] sob a supervisão de agentes do KGB, que o assassinaram.

---

[6] Casa de campo na Rússia.

Nikita Krushchev

19 de dezembro de 2001

Dobre Vecera. Gavarit Nikita Krushchev. *Boshalusta...*[10]

Sou o intérprete do ex-primeiro-secretário Nikita Krushchev.

Mecanismos espirituais me compeliram a dar a seguinte comunicação. Tenha paciência, o processo levará algum tempo.

Quando eu me tornei primeiro-secretário e, com esse cargo, o homem mais poderoso na União Soviética, cheguei ao lugar que o destino tinha planejado. Para explicar essa questão, tenho que retroceder no tempo até uma época do mundo anterior.

Há seis mil anos aproximadamente, um planeta explodiu neste sistema solar quando uma tentativa da engenharia planetária deu errado. Este era o planeta natal de uma raça de seres que se denominavam deuses. Os deuses eram organizados em clãs de família. Um clã que pro-

[7] Vocábulos do idioma russo, cujas traduções são, respectivamente: boa-noite; aqui, fala; por favor, prossiga.

95

vocou a mudança de dimensão era o então chamado clã do Dinossauro. Todos os membros desse clã pereceram quando o planeta explodiu.

Por causa da constante disputa entre os deuses, somente cinco outros clãs restaram por ocasião em que a mudança de dimensão estava para iniciar. Todos eles fugiram para o espaço, pois sabiam que não tinham chance alguma de sobrevivência, mesmo sendo uma mudança originária de um planejamento. As mudanças de dimensão são realizadas de acordo com o código genético daqueles que a estejam preparando. Isso significa que todos os outros códigos genéticos não são capazes de adentrar a nova dimensão que surge, o que significa total aniquilamento ou desmaterialização. Pode-se chamar esse processo de combate final, pois não há escape para as vítimas.

Os cinco clãs permaneceram no espaço por centenas de anos e, então, aterrissaram neste planeta, que havia se tornado acessível por causa da mudança de dimensão, quando da catástrofe cósmica no planeta dos deuses. Há aproximadamente 45.000 anos, este planeta foi colonizado e os diferentes clãs de deuses haviam plantado suas respectivas versões de humanos em regiões designadas para eles. Agora, os deuses fugitivos aterrissavam onde seus antepassados haviam plantado os humanos.

O clã da Serpente aterrissou no Egito; o clã do Touro aterrissou em Creta e na Mesopotâmia; o clã da Águia, no Peru e na América Central; o clã do Tigre, na Índia; e o clã do Dragão, no Japão.

Sou descendente do deus supremo do clã da Serpente, Sator, o demônio. Sob sua liderança, o clã colonizou o Egito e implementou sistemas religiosos para subjugar os humanos, que haviam evoluído em nosso território. Os outros clãs fizeram o mesmo em suas terras. Foram muitos milhares de anos para se estabeleceram de modo apropriado. Aí, então, o cenário estava montado para que a hostilidade entre os deuses recomeçasse.

O clã do Tigre trouxe a Lua, uma parte do planeta natal dos deuses que explodiu, e colocou-a nas proximidades deste planeta, esperando que isso trouxesse uma mudança de dimensão em sintonia com seu código genético. Tal fato teria significado a destruição dos outros clãs de deuses e dos humanos que esses clãs tivessem implantado. Não aconteceu nenhuma mudança de dimensão, mas esse empreendimento enfraqueceu a energia poderosa do clã do Tigre. O clã do Dragão tirou vantagem disso e o atacou. O clã do Tigre foi, então, totalmente eliminado.

Um desastre natural que acompanhou a chegada da Lua causou devastações em territórios de baixa altitude do clã do Touro. Várias tradições antigas, incluindo a Bíblia, referem-se a esse desastre conhecido como dilúvio. O que a fúria da natureza não destruiu, o clã da Serpente aniquilou. Com seus maiores rivais derrotados, esse clã poderia, então, derrotar o clã da Águia, que não tinha como resistir.

Muito antes dos deuses fugitivos invadirem este planeta, outros deuses do clã da Serpente haviam vindo para cá. Eles chegaram portando o nível mais alto de energia positiva. Pouco se conhece sobre eles, com exceção do nome atlantes. Enquanto isso, os deuses fugitivos haviam retrocedido até se tornarem os seres mais negativos no Universo. A cena estava preparada para a luta entre os deuses bons e os deuses malignos, ambos pertencentes ao clã da Serpente.

O clã da Serpente invadiu Atlântida. Não houve luta. Os atlantes sabiam que a luta causaria uma mudança do estado deles de seres positivos para seres negativos. Doze atlantes, de livre e espontânea vontade, deixaram-se capturar. Eles sabiam que o clã da Serpente estava preparando uma mudança de dimensão em sintonia com o código genético deles. Caso esse plano tivesse dado certo, o clã da Serpente do Egito teria dominado todo este planeta.

Os atlantes intervieram na preparação da mudança de dimensão e colocaram o processo em sintonia com o código genético positivo de uma mulher maia. Quando a mudança aconteceu, ela resultou em um mundo apropriado somente para os humanos. Todos os deuses e deidades pereceram no cataclismo resultante da mudança de dimensão. Somente uma menina pequena de Atlântida, cuja entidade espiritual não havia ainda crescido num tamanho maior que o tamanho de uma entidade humana, sobreviveu na forma física na superfície deste planeta. Esse acontecimento criou uma situação espiritual de máxima importância.

Os únicos deuses e deidades que sobreviveram foram os que se encontravam em espaçonaves. Após uma batalha mais importante entre o clã da Serpente e o do Dragão, somente poucos membros do clã do Dragão sobreviveram. Entretanto, ainda existe um número considerável de espaçonaves do clã da Serpente nas imediações deste mundo. Elas são conhecidas como óvnis (objetos voadores não identificados).

Isto é em termos muito gerais o que eu tenho para lhe dizer, de modo que a verdadeira história do que aconteceu durante o período chamado de Guerra Fria possa ser contada.

Há uma diferença entre mundo e planeta que não é muito conhecida. Para que se compreenda o que virá a seguir, eu explicarei a diferença entre eles: planeta é o corpo físico cósmico; mundo constitui a totalidade de todas as situações espirituais existentes num planeta, as quais são resultantes do salto entre dois pólos e são seguidas pela quebra do campo eletromagnético de um planeta. É muito importante que se diga que as condições espirituais situadas entre esses pólos podem ser e são programadas no mundo anterior.

O mundo atual passou a existir há aproximadamente 3.500 anos, quando os membros do clã da Serpente provocaram uma mudança de dimensão que eles pensaram estar sintonizada com seu código genético. Mas, como eu disse anteriormente, Amar, o líder espiritual dos Atlantes, havia interferido e sintonizado esta troca de mundos consoante o código genético de uma mulher maia. Isso gerou um mundo de humanos, embora tivesse sido espiritualmente programado pelos deuses do clã da Serpente.

Devido ao fato exposto acima, os deuses e as deidades, ajudantes dos deuses em épocas remotas, não estão presentes neste mundo em formas físicas em seus corpos originais. Somente as ações e as obras de um ser demonstram sua origem.

Amar, o líder espiritual dos atlantes, enviou seu filho, com o mesmo nome, para o cativeiro para que ele se tornasse capaz de mudar este mundo. Seu dever era e ainda é realizar o trabalho espiritual para trazer de volta um mundo de dimensão positiva. Existiu um mundo de dimensão positiva no planeta anteriormente, que ainda é lembrado como o paraíso. Amar, o filho, em suas encarnações espirituais, fundou o zoroastrismo, o cristianismo e o islamismo. Por causa disso, ele está utilizando as energias espirituais de seus seguidores, o que vem acontecendo há muito tempo, e eles têm proporcionado muitas e tão fortes energias espirituais que ele é capaz de programá-las em todo o Universo. Ele se tornou Deus, Todo-Poderoso.

No decorrer de muitas vidas, Amar, o filho, tem preparado as energias espirituais para a mudança das dimensões que se aproxima, a qual, desta vez, englobará todo o Universo.

Os deuses do clã da Serpente que sobreviveram à última mudança de dimensão em espaçonaves sabiam, há milhares de anos, que a próxima mudança das dimensões iria acontecer. Para superar esse período de tempo, eles entraram em um voo de dilatação de tempo e retornaram no século XIX. Quando os deuses do clã da Serpente conferiram a situação espiritual neste mundo, tiveram uma terrível surpresa. Amar, o filho, havia acumulado tanta força espiritual que se tornara invencível.

Havia somente um modo pelo qual os deuses do clã da Serpente poderiam tentar superar a preparação espiritual para a mudança de mundos que está por acontecer: com a destruição total da superfície deste planeta. Isso teria gerado uma mudança de dimensões sintonizada com o código genético dos deuses maus. O planeta teria pertencido a eles.

Para alcançar seu objetivo, os deuses do clã da Serpente criaram o comunismo. Muitos de seus membros se dividiram em minúsculas partículas espirituais vivendo em corpos humanos. Eles poderiam ser influenciados telepaticamente, e foi assim que Karl Marx foi direcionado para sua filosofia. Marx não estava sozinho. Outros como, por exemplo, Engels e Lenin foram também recrutados por telepatia.

Sob a influência telepática dos deuses e das deidades que estavam em espaçonaves, os proponentes do comunismo obtiveram muito sucesso. Finalmente, a situação pretendida havia sido alcançada quando o fim de toda a vida no planeta poderia ser obtido com uma guerra nuclear. A União Soviética e seus aliados estavam engajados

COMUNICAÇÕES MEDIÚNICAS DA FAMÍLIA KENNEDY 101

num confronto chamado Guerra Fria com as nações do Ocidente. Eu era aquele cujo destino consistia em fazer com que a Guerra Fria se tornasse uma guerra real, o que traria um fim a toda a vida neste planeta.

Como eu disse anteriormente, descendo de um líder do clã da Serpente chamado Sator, o demônio, na época da invasão. Neste mundo, muitas das minúsculas partículas de Sator estão encarnadas. Os grandes matadores da humanidade, como Alexandre, o Grande, Napoleão, Hitler e, na minha época, todo o politburo do Partido Comunista da União Soviética descendem de Sator. Com relação às nações do Ocidente, a história é muito diferente. O presidente Kennedy, dos Estados Unidos, o líder do Ocidente, era católico. Como o cristianismo tinha sido fundado por Amar, o filho, Kennedy era receptivo às influências telepáticas dos atlantes. Enquanto os membros do clã da Serpente telepaticamente exerciam grande influência sobre a minha pessoa e sobre os membros do Politburo, Amar, o pai e outros atlantes influenciavam o presidente Kennedy. Ele se tornou muito consciente das consequências de uma guerra nuclear.

O Politburo e eu mesmo éramos muito influenciados pelos deuses e pelas deidades do clã da Serpente que operavam a partir de espaçonaves. Quando provoquei a crise dos mísseis de Cuba, eu estava operando sob as influências telepáticas deles. Todo o Politburo estava, na verdade, sendo controlado dessa maneira. Porém, quando os acontecimentos ficaram muito perigosos, outra parte interferiu.

Há muito tempo, o clã da Serpente tinha uma aliança com os seres das Plêiades, uma raça muito evoluída pertencente à constelação de Plêiades. Eles fizeram várias tentativas para colonizar este planeta e outros planetas do sistema solar, que eram habitáveis anteriormente. A aliança com o clã da Serpente chegou ao fim quando o planeta natal dos deuses explodiu. Agora, visto que a situação tinha se tornado crítica, os atlantes e os seres das Plêiades formaram uma aliança. Os atlantes não puderam influenciar telepaticamente os membros do Politburo e a mim, porém os seres das Plêiades conseguiram.

Os membros do Politburo ficaram muito cônscios do perigo da situação. Eu não cederia, porém, eles puseram tanta pressão sobre mim que eu tive que desistir, chamar de volta os navios com os mísseis e retirar os mísseis de Cuba. Eu me senti profundamente humilhado, assim como a União Soviética em sua totalidade.

O pensamento de vingança nunca me abandonou a partir do momento em que eu tive que desistir. Repetidamente, eu refletia em como eu poderia vingar-me do presidente Kennedy, o homem que me havia humilhado na frente do mundo todo. Finalmente, decidi que ele teria que pagar com a própria vida pelo insulto à União Soviética e a mim mesmo. Eu não tinha a menor ideia de que esse tipo de pensamento era transmitido telepaticamente da mente de alguém que eu não podia ver nem ouvir.

Ordenei ao KGB para dizer a Fidel Castro para delinear um plano para assassinar o presidente Kennedy. Castro, com boa vontade, fez-me o favor e solicitou a ajuda de gângsteres americanos para a conspiração. Eu recebi instrução sobre cada fase do plano. Nada pode descrever minha surpresa quando eu soube que o governo americano ofereceu suporte para a preparação e, se fosse necessário, o acobertamento.

Eu estava convencido de que Johnson viu essa conspiração para assassinar Kennedy como uma chance para ele próprio se tornar presidente e que, de algum modo, solicitou a ajuda dos oficiais do governo. Mas, então, Robert Kennedy apareceu em Moscou e tentou persuadir-me para

COMUNICAÇÕES MEDIÚNICAS DA FAMÍLIA KENNEDY 103

poupar a vida do irmão. Eu neguei qualquer envolvimento na conspiração para matar o presidente americano e até ofereci a ajuda do KGB para salvar a vida dele. Eu fiquei intrigado, pois não poderia imaginar o que estava acontecendo. Mas não me preocupei. Tudo o que me importava era a morte do presidente Kennedy.

Após o assassinato, aos poucos, eu tomei consciência do que tinha acontecido. O governo americano temia que houvesse uma guerra nuclear, caso a verdade fosse revelada. Ocorreu-me que Robert Kennedy era o procurador-geral, o posto mais alto no Departamento de Justiça, o que o fazia chefe da CIA e do FBI. Tomei consciência de que ele deveria ter sido responsável pela preparação e pelo acobertamento do golpe.

Francamente, eu me sentia perdido tentando compreender como alguém poderia sacrificar seu próprio irmão pela segurança de outros. Porém, eu não tive tempo para o espanto. O Politburo ficou sabendo o que tinha acontecido. Eles souberam que eu tinha arriscado uma guerra nuclear novamente.

Tive sorte por não ter sido executado imediatamente. Fui deposto do cargo de primeiro-secretário e colocado em prisão domiciliar em minha *dasha*. Pelo modo da reação dos membros do Politburo, eu senti que eles não queriam correr o risco de dar a impressão de que eu tive alguma responsabilidade pelo assassinato do presidente. Porém, eu sabia que meus dias estavam contados.

Anos após o assassinato do presidente Kennedy, foi a minha vez de ser morto. O KGB designou um secretário que, na realidade, era um vigilante do KGB, cuja tarefa era impedir que eu tivesse qualquer contato que pudesse revelar a história do assassinato do presidente Kennedy. Quando foi considerado seguro, eu fui envenenado.

104 RICH ANDERS

Os deuses nas espaçonaves haviam perdido a luta. Porém, eles ainda não desistiram. Houve várias ocasiões em que uma guerra nuclear poderia ter começado. Entretanto, Deus, Todo-Poderoso, presta muita atenção nos acontecimentos. Ele se certificou de que o conflito no Kosovo não evoluiria para uma guerra nuclear. Ele assegurou que os altos e baixos da eleição na Flórida terminariam com a vitória do presidente Bush. Certificou-se de tudo que fosse necessário para uma preparação perfeita para a mudança de dimensão vindoura em todo o Universo.

O demônio e seus auxiliares, os deuses e deidades do clã da Serpente, fracassaram. A mudança das dimensões vindouras ocorrerá em sintonia com o código genético de Amar, o filho. Assim sendo, ele alcançará uma dimensão material positiva para todo o Universo sob o reinado espiritual de Deus, Todo-Poderoso, para a eternidade.

Nikita Krushchev

O acobertamento

Na pista do assassinato do presidente Kennedy, muitas pessoas morreram. Houve muitos rumores sobre uma conspiração e sobre um acobertamento. O Congresso fez uma investigação que concluiu que havia mais de um atirador; havia uma conspiração. Jornalistas, repórteres e produtores de filmes trataram do assunto e encobriram partes do mistério relacionado a este caso. Ainda após todos esses anos, o Relatório Warren ainda permanece como a posição oficial do governo dos Estados Unidos. O relatório declara que houve somente um atirador que matou o presidente Kennedy: Lee Harvey Oswald. Até os dias atuais, ninguém apresentou um quadro completo dessa terrível tragédia. Os que sabiam estão mortos.

Há vida após a vida. Quando as pessoas morrem, carregam consigo as lembranças de vidas passadas. Algumas dessas lembranças constituem um trauma que assombra os espíritos até que a verdade os liberte. Revelar a verdade faz com que o mecanismo espiritual negativo se rompa. Uma vez que a verdade é dita, as memórias do passado não podem mais atormentar as entidades espirituais na vida após a vida.

As comunicações com pessoas 'mortas são mais comuns do que normalmente se pensa. Milhares de pessoas usam o tabuleiro *Ouija* todos os dias. Muitos outros têm contatos telepáticos com seus entes queridos que faleceram. Porém, a sociedade não aceita prontamente o que não compreende. As pessoas que se comunicam com os 'mortos são comumente chamadas de estranhas, loucas e nomes semelhantes. De forma compreensível, ninguém divulga seus contatos com o além.

Outra dificuldade é o fato de que mecanismos espirituais negativos muito potentes bloqueiam as comunicações a ponto de que seja muito difícil conseguir uma mensagem clara. Felizmente, muitos anos atrás, o espírito John F. Kennedy removeu muitas das barreiras que separam o domínio do invisível deste mundo. Com o passar do tempo, muitas entidades espirituais puderam fazer contato com alguém no reino da matéria para darem comunicações espirituais, as quais as tornou libertas.

O assassinato em Dallas vitimou muitas pessoas, mais do que aquelas que morreram. Seus parentes e amigos se tornaram vítimas também. E houve três homens que foram vitimados de um modo direto e terrível, embora tenham sobrevivido. Estes foram os homens que tiveram que tomar a decisão de participar da conspiração para assassinar o presidente Kennedy e acobertar as circunstâncias que levaram à sua morte: Lyndon B. Johnson, Robert Kennedy e J. Edgar Hoover. Eles levaram o segredo para o mundo dos espíritos, onde o fato continuou a assombrá-los incessantemente. É tempo de libertar esses homens corajosos e respeitáveis.

John Edgar Hoover

Durante muitos anos, J. Edgar Hoover foi diretor da Agência Federal de Investigação (FBI). Durante todo esse tempo, nenhum caso tão ruim aconteceu quanto o assassinato do presidente Kennedy.

Hoover não era amigo dos Kennedy. O patriarca Joe Kennedy tinha uma longa carreira criminal e era muito bem-sucedido em enganar a lei. Ainda pior, ele usou a riqueza que havia acumulado como contrabandista de bebidas alcoólicas para comprar respeitabilidade. Quando se tornou embaixador na Grã-Bretanha, ele havia alcançado o auge. Joe Kennedy era um homem ambicioso. Ser embaixador e viver conforme um estilo hollywoodiano não era suficiente. Ele queria que um filho se tornasse presidente dos Estados Unidos.

Jack Kennedy era um homem talentoso, muito inteligente e ambicioso; de bom grado abraçou a ideia do pai. Ele fez a carreira política que seu pai lhe havia destinado. Para Hoover, esse era o maior pesadelo que se tornara realidade: uma grande família do crime no controle da Casa Branca. Não somente não havia nada que ele pudesse fazer quanto a isso, mas também era seu trabalho servir e proteger esse homem.

20 de agosto de 1999

Boa-tarde, eu sou a entidade espiritual J. Edgar Hoover.

Obrigado por se comunicar comigo. Tenho esperado por esta ocasião já há algum tempo. Quando você assistiu à série de TV chamada *O homem que assassinou Kennedy*, a conexão necessária foi estabelecida.

O assassinato do presidente Kennedy foi um dos eventos políticos mais importantes dos tempos modernos. Agora eu também sei que foi um evento espiritual da maior importância.

Muitos conspiraram para assassinar o presidente Kennedy, e muitos mais estiveram envolvidos no acobertamento do fato. Meu papel nessa conspiração nunca se tornou público. Até os dias de hoje, o público somente tem teorias aproximadas da conspiração para o assassinato. Não há nenhum conhecimento sobre quem estava envolvido e por que esse assassinato precisava desesperadamente da teoria de um único atirador responsável pela morte do presidente dos Estados Unidos.

Eu era o diretor da Agência Federal de Investigação há muitos anos, quando John F. Kennedy apareceu na cena política de Washington. Eu sabia muito sobre ele porque o Fbi tinha e ainda tem um arquivo extenso sobre o pai dele, Joe Kennedy, um criminoso notório que havia feito fortuna durante a época da Lei Seca. Joe Kennedy era um dos chefes do crime organizado mais cruéis daquela época e, provavelmente, o mais esperto, pois nunca foi pego.

Joe Kennedy se tornou respeitável após seus anos selvagens e teve uma ativa carreira social, na qual foi bem-sucedido a ponto de se tornar embaixador dos Estados Unidos na Inglaterra. Sua ambição não tinha limites. Ele não poderia alcançar nenhuma posição mais elevada do que aquela que já possuía, então, teve que voltar sua ambição para os filhos. O que mais se destacava da multidão, por assim dizer, era Jack Kennedy, um homem muito talentoso, charmoso e determinado, escudado pelos vastos recursos financeiros de seu pai. Ele veio para Washington para realizar o desejo de seu pai de que se tornasse o presidente dos Estados Unidos. Para mim, isso era revoltante. Eu considerava homens como Joe Kennedy um exemplo perfeito de tudo de errado que havia com este país. Uma vez que alguém se torna rico, ele pode passar por cima da própria sombra criminal e objetivar qualquer coisa para a qual sua ambição o direcione, até mesmo a presidência dos Estados Unidos.

A partir do primeiro momento em que eu encontrei Jack Kennedy, passei a odiá-lo com uma intensidade tal que, às vezes, me apavorava. Acompanhei sua ascensão ao poder e, no fundo do meu coração, eu sabia que nada poderia detê-lo. Eu não sabia, então, que esses sentimentos tinham raízes numa época na qual Jack Kennedy era a deidade egípcia Amon e eu era o deus teutônico Thor.

Depois que eu morri, passei um tempo que pareceu infinito no inferno sem nada fazer, a não ser vivenciar repetidamente os eventos mais negativos de minha vida passada. Foi uma existência com muito sofrimento e dor. Isso terminou há cerca de vinte anos, quando o homem que eu havia odiado intensamente estabeleceu os fundamentos para a separação das energias positivas das energias negativas. Permita-me mencionar que, ao contrário da matéria, a qual é genuinamente negativa neste mundo, as entidades espirituais consistem de energias positivas e negativas. Elas podem ser separadas, e foi exatamente o que aconteceu a todas as energias espirituais positivas que foram separadas das energias negativas.

Eu, como energia positiva de J. Edgar Hoover, repentinamente deixei de sentir dor, e o sofrimento se transformou em tédio. Há cerca de 15 anos, algo dramático e estranho aconteceu e, repentinamente, todas as energias positivas com padrões espirituais positivos foram retiradas do inferno. Todos nós alcançamos um lugar chamado Local de Espera de Partida para a Dimensão Positiva. Nós não sabemos onde fica, mas nesse lugar não há sofrimento nem dor.

Quando eu me recuperei, fiquei sabendo quem fui, quem Jack Kennedy foi e como tinha sido a nossa relação no mundo anterior quando nós vivemos no Egito. Levei bastante tempo para compreender e assimilar o que eu tinha que saber. Nunca em minha vida material eu havia pensado que alguma coisa como essa pudesse ser possível. Eu não acreditava em reencarnação. Agora, estou feliz por saber que a reencarnação existe, pois, sem a vida após a morte, eu teria sido aniquilado.

Há aproximadamente 5.800 anos, este planeta vivenciou uma invasão proveniente do espaço distante feita por seres que se denominavam deuses. Os cinco berços da civilização são os locais onde os deuses se fixaram. Eles eram organizados em clãs de família, cada qual tendo um animal como símbolo. Os Kennedy e eu éramos membros do clã da Serpente, o qual se fixou no Egito. A partir de lá, os membros do clã da Serpente expandiram seu território até que chegaram a governar quase todo o planeta.

Os membros do clã da Serpente haviam trazido múmias com eles e, a partir de células vivas dessas múmias, clones foram produzidos. Esses clones eram chamados deidades e eram adaptados às condições de vida neste planeta. Os deuses tinham problemas relacionados à energia porque a dimensão material deste planeta diferia um pouco da di-

COMUNICAÇÕES MEDIÚNICAS DA FAMÍLIA KENNEDY   111

mensão com a qual estavam acostumados. Para compensar esse problema, eles implementaram rituais com sacrifícios humanos, conseguindo, desse modo, energias espirituais utilizadas para as condições de vida neste planeta.

Antes do término do mundo anterior, eu era um deus e os Kennedy eram uma deidade muito poderosa conhecida pelo nome de Amon, o qual liderou uma revolta das deidades contra os deuses. Entre todos os deuses, somente eu, Thor, minha esposa Sif, Frey e a esposa dele, Hela, sobreviveram. Amon se tornou o governante incontestável do mundo anterior.

Eu odiei Amon com todas as forças do meu coração. Fiquei impotente para confrontá-lo com armas, mas pude estabelecer padrões espirituais que causaram sua morte. Esses padrões levaram Amon a uma situação com uma deidade do sexo feminino chamada Freia, pertencente ao panteão nórdico, que acabou por matá-lo.

Há aproximadamente 3.500 anos, aconteceu outra mudança de dimensão neste planeta. A nova dimensão é um mundo feito somente de humanos. Todos os deuses e deidades pereceram pelo cataclismo provocado pelas forças da natureza que se seguiu à mudança de mundos, exceto por uma menina de Atlântida que era tão jovem, que sua entidade-deusa não havia ainda crescido para além do tamanho de uma entidade humana. Por causa da nova situação espiritual, as superentidades de deuses e deidades tiveram que se dividir em muitas partículas para ficarem num tamanho pequeno o suficiente para encarnarem em corpos humanos.

Os membros do clã dos Kennedy do sexo masculino descendem todos eles de Amon. Há outros também que descendem de Amon, como, por exemplo, Anwar Sadat, rei Hussein da Jordânia e Bill Clinton. Eu sou descendente

de Thor e sou uma partícula minúscula do deus ancestral que carregou o ódio contra Amon. Esse ódio emergiu
no instante em que encontrei Jack Kennedy, pois, sob a
perspectiva espiritual, ele era a continuação de Amon. Eu
fiquei assombrado quando Jack Kennedy foi eleito presidente dos Estados Unidos.

O dinheiro sujo de Joe Kennedy não foi suficiente para
ajudar seu filho a se tornar presidente. Existiu outra ajuda ofertada por uma figura duvidosa, que me desagradava profundamente – Frank Sinatra –, para fazer com que
Jack Kennedy fosse eleito. Os amigos mafiosos de Sinatra
exerciam e ainda exercem um enorme poder sobre os sindicatos. Figuras notórias do crime organizado, como Sam
Giancano, trouxeram os votos decisivos que colocaram
Jack Kennedy na Casa Branca. Eu fiquei muito apreensivo
com o que poderia acontecer após as eleições.

Frank Sinatra superava, de longe, meus piores medos.
Ele trouxe o serviço do sexo de uma mulher de baixa mo-
ral chamada Judy Campbell para servir sexualmente ao
presidente dos Estados Unidos e ao gângster Sam Giancano. Essa mulher viajava ida e volta entre Washington
D.C. e Chicago, e eu não tinha meios de saber o que essa
courier da imundície estava carregando com ela, exceto
o sêmen do presidente dos Estados Unidos e do gângster.

Vamos fazer um intervalo. Mesmo após todos esses
anos, é difícil lidar com as lembranças desses tempos es-
cabrosos.

Quando Jack Kennedy nomeou seu irmão Bobby para
o cargo de procurador-geral, eu vi meu maior temor ser
ultrapassado. Eu fiquei na expectativa do crime organizado ser protegido por aquele que ocupava o posto mais
alto no sistema de justiça dos Estados Unidos. Para minha completa surpresa, o contrário aconteceu. Até os dias

atuais, eu me sinto estarrecido com o fato de que Bobby Kennedy tenha se voltado contra o crime organizado tão ferozmente.

O apetite sexual insaciável de Jack Kennedy continuou a ser motivo de preocupação, mesmo após a relação com Judy Campbell ter terminado. Kennedy parecia não ter consciência de que sua posição, como presidente dos Estados Unidos, seria um alvo para qualquer serviço secreto no mundo, especialmente para o serviço secreto do império soviético. Quando ele se relacionou com uma espiã da Alemanha Oriental, estava pedindo para ter problemas muito sérios.

Havia mais problemas fermentando em vários aspectos. Um Krushchev humilhado estava mais do que zangado por causa da maneira como a crise dos mísseis de Cuba terminou. Fidel Castro sabia que os irmãos Kennedy planejavam assassiná-lo. Os gângsteres se sentiam traídos pelo homem que eles ajudaram a se tornar presidente, porque o irmão dele, o procurador-geral, perseguia-os e os processava implacavelmente.

Os irmãos Kennedy haviam estabelecido uma força-tarefa com o objetivo de assassinar Fidel Castro com a ajuda dos gângsteres americanos, que conheciam bem Cuba, porque eles haviam dirigido cassinos na ilha antes que Fidel Castro assumisse o poder. Eu fiquei sabendo desse plano audacioso para assassinar o líder da nação. Também fiquei sabendo sobre os homens que tinham recebido a tarefa de colocar em prática o plano.

Isto é difícil. Vamos fazer um intervalo.

Quando eu fiquei sabendo do plano, fiquei mais do que seriamente preocupado com a segurança dos Estados Unidos, porque eu sabia, pelos relatórios que meus agentes forneciam, que Jack Kennedy havia se colocado numa situação muito difícil. Ele tinha feito a mesma coisa com os Estados Unidos da América. Enquanto Kennedy arquitetava para matar Fidel Castro, um plano de assassinato estava sendo arquitetado contra ele.

Krushchev se sentia profundamente humilhado pelo resultado da crise dos mísseis de Cuba. Ele queria que Kennedy pagasse com a própria vida e deu ordens ao KGB para assassiná-lo. Os oficiais do alto escalão do KGB voaram para Cuba e pediram a Fidel Castro para concretizar o plano.

Castro ficou felicíssimo em favorecer os soviéticos. Já tinha havido várias tentativas contra sua vida e Castro sabia que os irmãos Kennedy possuíam recursos para serem bem-sucedidos nessa tentativa, sem que importasse o quanto ele estava protegido. Matar Jack Kennedy com certeza daria conta dessa ameaça.

Os gângsteres contratados pelo serviço secreto dos Estados Unidos para o atentado contra Castro não possuíam motivação política, nem amor ao seu país. Para eles, somente o dinheiro importava. Esperando ter de volta seus assuntos comerciais em Cuba, eles falaram a seus contatos, no serviço secreto cubano, sobre o plano para assassinar Fidel Castro, que se sentiu jubiloso com as notícias. Ele disse aos gângsteres que não havia chance de eles terem de volta seus interesses comerciais em Cuba, mas eles poderiam, ao invés disso, obter dinheiro com o assassinato de um chefe de Estado, se aceitassem o contrato para matar Jack Kennedy.

Os gângsteres ficaram interessados, mas chamaram a atenção para o grande perigo, que era duplo: o de que os assassinos fossem pegos e o de que o envolvimento dos soviéticos e dos cubanos no assassinato do presidente dos EUA pudesse desencadear uma grave crise internacional. O preço foi acertado e os gângsteres começaram o preparo para o assassinato.

COMUNICAÇÕES MEDIÚNICAS DA FAMÍLIA KENNEDY 115

O projeto para o assassinato era tão imenso, que o plano não pôde ser mantido em segredo. Meus agentes, que haviam se infiltrado na máfia, contaram-me sobre o plano para assassinar o presidente Kennedy. O crime organizado tinha aceitado o contrato e não havia nenhum modo pelo qual essa execução pudesse ser impedida. Caso a conexão com Krushchev fosse descoberta, a terceira guerra mundial era uma probabilidade terrível.

Eu agendei um encontro com o vice-presidente Johnson e o informei sobre a situação. Eu ainda me lembro bem da expressão de choque na face desse homem. Johnson era um homem muito astuto e muito experiente. Ele sabia que o golpe não podia ser impedido, também sabia sobre os perigos para a paz mundial e, possivelmente, para a continuidade da vida neste planeta, caso o envolvimento de Krushchev se tornasse público.

Johnson me instruiu para arquitetar um cenário que ocultasse o envolvimento de Krushchev. Meus principais auxiliares me ajudaram a preparar um plano, que foi, então, submetido ao vice-presidente Johnson. Ficou claro para ele que, com a proteção normal para o presidente, antes e durante o golpe, essa conspiração teria pouca chance de ser detectada. Ainda havia um perigo maior de que, após o assassinato, a verdade fosse descoberta. Só havia uma escolha, a qual fez de mim e do vice-presidente Johnson co-conspiradores. O golpe teve que ter o respaldo das agências americanas a fim de que a verdade nunca fosse conhecida.

Era um cenário assustador. Johnson e eu ficamos extremamente apreensivos. Jack Kennedy e Krushchev haviam nos colocado numa situação muito ruim. Se quiséssemos evitar a ameaça da terceira guerra mundial, nós teríamos que convencer Krushchev a cancelar o contrato de assas-

116 RICH ANDERS

sinato ou fornecer a ajuda para encobrir a verdade. Conforme esperado, Krushchev negou categoricamente que qualquer ação tão desprezível seria praticada pelo líder da União Soviética.

Quando o Politburo ficou sabendo da situação, Krushchev foi demitido e posteriormente envenenado pelo secretário do KGB que o Politburo lhe havia designado. Infelizmente, isso aconteceu numa época na qual o curso dos eventos relacionados ao assassinato do presidente Kennedy não podia mais ser alterado.

Johnson e eu decidimos prosseguir com o plano para auxiliar os conspiradores, de modo que o assassinato pudesse ocorrer com o menor risco possível de que a conspiração e o envolvimento de Krushchev chegassem ao conhecimento público. O plano era muito arriscado, mas acreditávamos que aquela era a única maneira de as agências americanas lidarem com a situação a tempo de evitarem um desastre.

Havia outro fato perigoso que não teria deixado nenhuma possibilidade para o encobrimento da verdade, e nós queríamos evitar esse risco a qualquer custo: Jack Kennedy teve repetidos encontros sexuais com uma conhecida telefonista da Alemanha Oriental que trabalhou na cena política de Washington. Enquanto ela dormia somente com senadores e outros políticos, não havia razão para maiores preocupações, pois era problema de cada um deles julgar o que dizer e o que fazer com essa mulher. Porém, os serviços secretos do bloco comunista tinham o costume de utilizar belas mulheres como assassinas. As mulheres atraíam as vítimas almejadas para fazerem sexo com elas. Quando os homens estavam sonolentos após um bom desempenho sexual ou um orgasmo, a mulher se utilizava desse momento para injetar uma substância letal neles. O veneno matava-os em 30 segundos e as vítimas não tinham a menor chance de escapar da morte. As agulhas utilizadas deixavam apenas uma minúscula marca muito difícil de ser detectada.

Caso Jack Kennedy tivesse sido assassinado desse modo, e a verdade tivesse sido detectada por meio de uma autópsia, as consequências poderiam ter sido tão ruins quanto uma terceira guerra mundial. Não havia modo de fazer com que Jack Kennedy abandonasse sua galanteria. Para cada mulher que nós neutralizássemos, ele teria encontrado cinco outras, e qualquer uma delas poderia ter sido uma assassina enviada pelo KGB. Desse modo, prosseguimos com o plano de participar do golpe contra o presidente, contratando assassinos do crime organizado. Foi a pior coisa que me aconteceu. Eu me questionava repetidamente se o ódio para com os Kennedy seria o motivo desse plano, mas eu não consegui encontrar nenhuma outra maneira de sair do dilema.

O projeto precisava ser coordenado com o crime organizado. Disseram-me que, a princípio, os gângsteres ficaram atônitos com a minha oferta de cooperação. Eles suspeitavam de uma armadilha. Mas, quando ficou claro para eles que havia o risco de uma terceira guerra mundial, entenderam nossos motivos. A possibilidade de uma mulher assassina fez sentido para eles, que, então, se conscientizaram do apuro no qual o serviço secreto dos Eua e o Fbi estavam. Acho que os gângsteres ficaram tão preocupados quanto nós com as consequências do que teria que ser feito.

Um ponto importante a ser levado em consideração era anular a possibilidade de ligação com a União Soviética, pois assim a investigação seguiria para um beco sem saída. Foi, então, que Lee Harvey Oswald entrou em cena.

118   Rich Anders

O serviço secreto dos Estados Unidos possuía um programa para infiltrar na União Soviética falsos desertores, que haviam recebido treinamento para falarem russo muito bem e trabalharem como espiões infiltrados. Oswald foi enviado à Rússia. Ele teve que se casar com uma mulher russa para obter mais crédito junto aos soviéticos. O plano não funcionou, pois os russos foram muito espertos e descobriram o esquema. Oswald retornou para os Eua e foi usado para trabalhar como agente secreto infiltrado em grupos pró-soviéticos e pró-cubanos. Ele foi o bode expiatório perfeito. Seus laços com a União Soviética e sua pretensa simpatia pelas ideologias marxistas foram bem documentados. Quando o plano foi posto em ação, Oswald recebeu instruções para ir para o México com o objetivo de conseguir visto para a União Soviética ou Cuba e, desse modo, ficaram provadas suas tendências esquerdistas. Os soviéticos não acreditaram nisso e o visto foi negado, conforme havia sido previsto.

O assassinato foi planejado para acontecer em Dallas, Texas. O local foi escolhido com cuidado e Oswald arrumou um emprego no depósito de livros escolares da escola local, que seria seu lugar para estar no cenário do assassinato do presidente Kennedy. O próximo local onde deveria estar após o assassinato seria o necrotério. Era responsabilidade do crime organizado providenciar um assassino para executar Oswald, pois um suspeito morto significaria evitar uma investigação prolongada, e o caso seria arquivado com base em suposições, não com base em fatos. Foi, então, que Jack Ruby entrou em cena.

Ruby era um gângster com uma longa relação com o crime organizado. Ele estava em dívida com vários mafiosos e, por isso, não havia como dizer não para o que lhe fosse pedido. Isso significaria a morte para ele, que tentou livrar-se da situação com um telefonema para um policial, que ele conhecia muito bem. Ele pediu para haver alteração do horário devidamente estabelecido no relatório para a transferência de Oswald, mas os que poderiam fazer essa alteração sabiam o que estava acontecendo.

No dia do assassinato, os procedimentos padrão de segurança foram suspensos. Ficou estabelecido que o carro do presidente chegaria ao local do assassinato em baixa velocidade, de modo que os atiradores tivessem um alvo fácil. Originalmente, os atiradores quiseram ficar posicionados na ponte, mas isso significaria que os tiros não seriam rastreados até o prédio do depósito de livros, local onde o bode expiatório estava posicionado.

Os atiradores se posicionaram em locais diferentes e receberam ordens estritas para atirarem somente quando o desfile tivesse passado por eles, de modo que os tiros pudessem ser rastreados na direção da parte de trás. Um dos atiradores ficou extremamente nervoso ou não entendeu muito bem as instruções e atirou antes da hora prevista. Os outros dois atiradores imediatamente perceberam que tinham que agir imediatamente para que o golpe pudesse ter sucesso, pois, em segundos, um acontecimento não previsto ameaçaria o plano deles. Foi quando os outros dois assassinos atiraram. O atirador que estava posicionado na colina coberta de grama, usando uniforme de policial com um distintivo claramente visível, disparou o tiro fatal na cabeça do presidente. No momento em que os tiros foram disparados, a ocultação da verdade teve início. Havia agentes do serviço secreto por toda parte e eles tentaram manter o controle da situação para que ninguém pudesse mirar nos assassinos, os quais calmamente deixaram a cena do crime.

Muita coisa saiu errado. A pior de todas foi a direção de onde o tiro fatal veio. Rastreá-lo até o depósito de livros escolares era impossível. Assim sendo, o corpo do presidente morto teve que ser desviado e colocado numa posição de modo a combinar com a história arquitetada. Esse não foi o único problema, e os agentes do serviço secreto tiveram que tomar conta de muitos detalhes para manterem o controle da situação, que, algumas vezes, havia estado perigosamente perto de ficar fora de controle a partir do momento em que começou.

Muitas pessoas tiveram contato com essa história, e os que poderiam ter sido capazes de contar a verdade foram mortos. As figuras de menor importância foram poupadas porque era impossível chegar até elas. Somente quando a Comissão Warren começou a agir, essas figuras ganharam destaque, mas, então, a situação havia sido controlada e o testemunho delas seria descartado ou mantido em segredo.

O presidente Johnson tentou evitar uma investigação oficial, mas a pressão do Congresso foi intensa. Os membros da Comissão Warren eram homens respeitáveis. O papel que lhes cabia ficou claro para eles desde o início. Eles entenderam a ameaça à paz mundial e os riscos envolvidos, caso a verdade fosse revelada. Sem que ninguém falasse sobre o assunto, eles se conscientizaram do perigo para suas próprias vidas. Consequentemente, deixaram as coisas esfriarem. Quando o relatório deles foi publicado, as pessoas ficaram atônitas com as óbvias distorções dos fatos. Como poderiam tais figuras públicas, tão bem conhecidas e com credenciais impecáveis, publicarem um relatório como aquele?

Por mais estranho que possa parecer, a Comissão Warren bem serviu ao seu propósito. Durante muitos anos, o relatório deles foi a versão oficial do governo dos Eua em relação ao assassinato em Dallas, evitando, assim, consequências que poderiam ser desastrosas para a con-

COMUNICAÇÕES MEDIÚNICAS DA FAMÍLIA KENNEDY 121

tinuação da vida na Terra. O inquérito do Congresso, que concluiu que houve mais de um único atirador, nunca teve consequências merecedoras de comentários.

O ditado de que tudo está bem quando acaba bem não se aplica neste caso. Só podemos dizer, ao relembrar os fatos, que o custo de vidas e os esforços para o acobertamento da verdade, que deixaram alienada uma parte considerável do público americano, por parte do governo dos EUA, foram valiosos, pois danos ainda maiores foram evitados.

Krushchev era muito mais do que um homem impetuoso. O próprio demônio lhe deu a tarefa de destruir toda a vida no planeta. Krushchev tentou provocar uma guerra nuclear duas vezes, e duas vezes ele falhou porque o homem que eu tive como alvo do meu ódio estava sob a proteção de Deus, Todo-poderoso. A causa da morte de Jack Kennedy deve-se ao fato de que seu ciclo de vida havia chegado ao fim. Deus, Todo-Poderoso, tinha outra grande tarefa para ele em sua vida após a vida. Jack Kennedy cumpriu sua tarefa até a perfeição. Porém, não compete a mim falar sobre isso.

O destino me colocou numa posição estranha. Odiei ter que ajudar a destruir o homem que eu odiava. Eu fiquei contente e aliviado quando tudo terminou e o mundo foi poupado da terceira guerra mundial. Mas o serviço teve seu preço. Depois daquilo tudo, minha vida nunca mais foi a mesma.

Quando eu vim para o lugar chamado Local de Espera de Partida para a Dimensão Positiva, fiquei sabendo sobre o que estava por trás desses dramáticos eventos. Somente então, tomei consciência de que Jack Kennedy e eu fazíamos parte de um time espiritual, cuja tarefa tinha sido evitar um confronto nuclear entre as superpotências deste mundo de violência. Jack Kennedy teve que evitar um confronto nuclear enquanto vivia. Eu tive que me intrometer e evitar um confronto nuclear entre as superpotências, quando a morte dele foi a razão para esse acontecimento.

A animosidade entre mim e Jack Kennedy é uma coisa do passado. Nós sabemos sobre o papel de cada um, apreciamos um ao outro e nossos feitos. Nós desconhecíamos o fato, mas formamos um bom time, e eu tenho orgulho de ter tomado parte nesse drama de proporções globais. Tanto Jack quanto eu fomos bem-sucedidos e, assim sendo, a vida terá um futuro no reino de Deus, Todo-Poderoso, para toda a eternidade.

J. Edgar Hoover,
que lhe agradece por sua paciência e persistência em tomar nota de um comunicado longo e muito difícil.

Lyndon B. Johnson

Lyndon B. Johnson era um homem jovem muito ambicioso. Uma vitória apertada foi o passaporte para Washington D.C. e, muito antes, ele era uma figura de grande importância no Partido Democrata. Seu alvo era a Casa Branca. Quando Kennedy o derrotou nas primárias, mesmo assim, ele permaneceu em seu caminho para a Casa Branca como o vice-presidente que viria a ser.

Quando o diretor do FBI, Hoover, informou Johnson sobre um contrato para matar o presidente Kennedy, ele sabia que seria presidente. Também sabia que somente a União Soviética, na pessoa de Krushchev, poderia ter deliberado o assassinato. Johnson tomou consciência de que o futuro da humanidade estava em risco.

A presidência de Johnson foi feita num quadro de horror, desde seu início. Ele teve que tomar a decisão sobre o contrato de assassinato. Robert Kennedy, irmão da vítima pretendida, era o procurador-geral. Um cenário atemorizante surgia.

Robert Kennedy tentou argumentar com Krushchev. Quando sua argumentação fracassou, somente uma solução poderia impedir que a verdade aparecesse e se transformasse numa guerra nuclear: cooperar com aqueles que estavam preparando o golpe e ter certeza de que esse fato nunca fosse descoberto. A presi-

124 RICH ANDERS

dência de Johnson teria início manchada com o sangue de seu antecessor.

13 de dezembro de 2001

Bom-dia, eu sou a entidade espiritual Lyndon B. Johnson, ex-presidente dos Estados Unidos da América.

Ontem, você assistiu ao programa *A versão de Lady Bird Johnson*, que foi minha esposa e companheira durante toda uma vida muito turbulenta, na ABC.[11] As palavras não podem expressar minha gratidão por ter podido ver esse programa de TV com a sua ajuda. Há muito tempo, eu estava esperando para poder comunicar-me com você. Ontem, finalmente, a conexão espiritual necessária foi estabelecida.

Minha vida passada me levou ao topo da arena política deste mundo. Não foi uma ocasião feliz. De volta ao Texas, eu fiz uma carreira rápida, e uma vitória apertada me trouxe a Washington D.C. para que eu me tornasse um dos membros mais influentes do Partido Democrata. Quando eu concorri para presidente, o destino não havia preparado esse cargo para mim ainda. Jack Kennedy me venceu nas primárias e, então, ele me fez seu companheiro de chapa. Fiquei a um passo da posição que eu ambicionava mais do que qualquer outra coisa. Foi uma disputa apertada, mas vencemos Nixon. A Casa Branca se tornara uma realidade, embora eu fosse somente o vice-presidente. Estar lá com Jack Kennedy ativou acontecimentos que tiveram sua origem numa época muito distante. Se eu tivesse sabido a que vim, teria retornado ao Texas e nunca mais me aproximaria de Washington novamente. Para fazer com que entendam o que aconteceu nos oito

[8] ABC é a sigla para American Broadcasting Company, uma das maiores emissoras de televisão do mundo, cuja sede fica em Nova Iorque.

anos seguintes, eu tenho que relembrar os acontecimentos ocorridos no mundo anterior, aquele que ainda é lembrado como o paraíso perdido.

Neste mundo atual, não há praticamente nenhum conhecimento do que aconteceu no passado, embora os acontecimentos dramáticos daquela época remota sejam a causa do modo como as coisas se apresentam agora. Por favor, seja paciente, eu tenho que retroceder no tempo para poder explicar o que aconteceu nos oito anos que eu passei na Casa Branca.

No mundo anterior, cinco clãs de alienígenas, que se denominavam deuses, invadiram este planeta. Eles eram fugitivos, pois seu planeta natal, Lúcifer, havia sido destruído no curso de uma tentativa fracassada de mudança de dimensão. Os alienígenas se estabeleceram onde, quarenta e cinco mil anos antes, eles haviam plantado humanos como uma preparação para colonizar este planeta. O clã da Serpente se estabeleceu no Egito; o clã do Touro, em Creta e na Mesopotâmia; o clã do Tigre, na Índia; o clã da Águia, no Peru e na América Central; o clã do Dragão, no Japão.

Outros tipos de deuses já estavam estabelecidos no planeta. Eles eram os atlantes, que descendiam do clã da Serpente em épocas mais remotas, quando os líderes do clã fugiram do planeta natal para escaparem da perseguição e da morte. Esses deuses haviam permanecido no estado vibratório positivo dos tempos ancestrais, enquanto que os deuses invasores de aproximadamente 5.800 anos atrás haviam retrocedido, a ponto de se tornarem os seres mais negativos que o Universo jamais havia visto.

A ocasião ficou propícia para a briga entre os deuses, os atlantes e os seres diabólicos, que eram os deuses invasores. Eles eram inimigos implacáveis. Uma vez estabelecidos neste planeta, eles começaram a guerrear entre si. O clã do Dragão aniquilou o clã do Tigre; o clã da Serpente dizimou o clã do Touro e o da Águia. O confronto entre o clã da Serpente e o clã do Dragão terminou com a derrota do clã do Dragão, que teve que se retirar para o Japão por estar muito enfraquecido, para posteriormente persistir com seu plano de conquistar o planeta inteiro.

O clã da Serpente invadiu a Atlântida e os atlantes não revidaram. Doze deles, por sua livre vontade, deixaram-se capturar. Um deles era o filho de Amar, o líder espiritual dos atlantes. Os outros 11 constituíam seu grupo de apoio espiritual. Os atlantes sabiam que o clã da Serpente estava preparando uma mudança de dimensão, e essa era a maneira pela qual eles poderiam participar da mudança dos mundos. Amar, o filho, e seu grupo de apoio tiveram e ainda têm a tarefa de prepararem o retorno de um mundo de paz, um mundo de dimensões positivas.

Os atlantes também tinham seu próprio plano para essa mudança. O líder espiritual deles programou o novo mundo para vir a ser um mundo para humanos somente, um mundo hostil aos deuses. De acordo com esses padrões espirituais, quando a mudança de mundo ocorreu, todos os deuses e seus auxiliares, as deidades que estavam na superfície deste planeta, pereceram pela sublevação da natureza. Somente uma menina pequena de Atlântida, cuja entidade espiritual não havia ainda se desenvolvido para além do tamanho de uma entidade humana, sobreviveu na forma física. Do grupo de invasores, somente aqueles que estavam nas espaçonaves sobreviveram. Essas espaçonaves ainda se encontram à nossa volta e nós as conhecemos como óvnis.

Antes que a mudança de dimensão ocorresse, os deuses egípcios governavam este planeta, com exceção do Japão. O membro de mais alta hierarquia no clã da Serpente era

Amon. Ele praticamente possuía a Terra naquela época. Pouco antes da mudança de dimensão, uma deidade do sexo feminino chamada Freia, pertencente ao panteão teutônico, assassinou-o, durante um encontro sexual de tipo selvagem. Esse evento teve implicações da maior importância para o curso dos acontecimentos no mundo atual.

As entidades espirituais dos deuses e das deidades eram muito grandes para encarnarem num corpo humano. Por isso, elas de dividiram em minúsculas partículas, e os antigos deuses e as antigas deidades encarnaram em corpos humanos. Os seres, cujas entidades espirituais descendem do mesmo deus ou deidade, pertencem ao mesmo grupo e compartilham o mesmo tipo de energia.

Amon era o ser mais rico e mais poderoso no mundo precedente. Esse fato estabeleceu padrões espirituais muito importantes para as pessoas pertencentes ao grupo que possuem a energia dele e, consequentemente, elas estão entre as mais poderosas e ricas do planeta. E, aqui, é onde nossa história tem início: todos os membros importantes do sexo masculino da família Kennedy descendem de Amon. São eles: Joe Kennedy, John F. Kennedy, Robert Kennedy, Ted Kennedy, John Kennedy Jr. e outros líderes mundiais, tais como Ronald Reagan, Anwar Sadat, rei Hussein da Jordânia e Bill Clinton.

Os descendentes de Amon também compartilham outro padrão de destino: o padrão de serem assassinados quando alcançam o cargo de maior hierarquia ou encontram um membro portador do tipo de energia do grupo de Freia. Para alguns desses homens, o padrão para serem assassinados já havia sido vivenciado em existências anteriores e, assim, estava presente nos homens mencionados acima de forma modificada ou enfraquecida. Essa é a razão pela qual o presidente Reagan sobreviveu a uma tentativa de assassinato. Ele havia vivenciado o padrão de assassinato político em uma vida como o imperador romano Júlio César. Bill Clinton vivenciou o padrão de assassinato em duas existências anteriores. Desse modo, as mulheres em sua vida, enquanto ele era presidente, só lhe causaram problemas.

Jack Kennedy ainda possuía todo um padrão específico de assassinato. Quando ele alcançou a presidência dos Estados Unidos, esse padrão foi ativado.

Eu fiquei sabendo da conspiração para matar o presidente quando J. Edgar Hoover, o diretor do Fbi, informou-me sobre o fato. As notícias me atingiram intensamente. Eu sabia que o golpe não poderia ser impedido. Eu também sabia que isso significaria uma guerra nuclear com a União Soviética porque havia sido Krushchev quem ordenara o golpe. As notícias deram início a uma série de eventos que, até hoje, me assombram.

Não havia como proteger o presidente Kennedy contra um complô para assassiná-lo. Se a bala de um assassino não o atingisse, uma de suas muitas parceiras sexuais poderia facilmente injetar nele uma substância letal após o ato sexual. Jack era totalmente enlouquecido por sexo e não havia ninguém capaz de fazê-lo comportar-se de um modo responsável e compatível com sua posição. A única coisa a ser feita era certificar-se de que ninguém jamais saberia sobre quem estava por trás do assassinato. O único modo de fazer isso era encobrir a verdade.

Hoover e eu ficamos extremamente preocupados com essa situação que poderia levar a um confronto nuclear com os soviéticos. Finalmente, eu ordenei que ele cooperasse com o crime organizado para nos assegurarmos de que a situação ficaria sob controle, quando o assassinato acontecesse. Eu decidi que o Texas seria o melhor lugar para o golpe porque lá estava minha base política, onde

COMUNICAÇÕES MEDIÚNICAS DA FAMÍLIA KENNEDY   129

eu poderia dar um jeito, caso algo desse errado. E as coisas aconteceram de modo muito errado.

O lugar foi cuidadosamente escolhido, e Oswald foi selecionado como bode expiatório. Para ter esse cenário preparado, era imperativo que os tiros dos assassinos fossem disparados da mesma direção de onde os tiros hipotéticos de Oswald viriam. Um assassino foi posicionado em um prédio do outro lado da rua do depósito de livros escolares. Os outros dois tomaram posição mais abaixo da rodovia. Eles teriam que atirar quando o carro do presidente tivesse passado por eles.

O homem no edifício atirou antes do tempo marcado. Quando os outros assassinos ouviram o tiro, eles souberam que teriam que atirar imediatamente. Infelizmente, o carro do presidente não havia passado por eles ainda, assim, o tiro na cabeça do presidente, que o matou, veio da parte da frente. O pior cenário possível tinha ocorrido. Um acobertamento mais amplo precisou ser providenciado imediatamente.

Planos para qualquer eventualidade haviam sido elaborados com antecedência. Eu não tive e não teria nenhuma relação com o acobertamento. Isso era trabalho de Hoover. Enquanto a CIA estava encarregada de preparar e garantir a área do assassinato, o FBI tinha a tarefa de atenuar a situação após o acontecimento. Hoover tinha planos até mesmo para todo esse quadro. Seus homens do serviço secreto assumiram a situação a partir do momento que o caixão estava no avião. Os percalços ainda não haviam terminado. No caixão original, havia traços de sangue e do cérebro do presidente. O acobertamento teria sido comprometido caso esse material fosse descoberto numa posterior investigação. O corpo do presidente chegou, então, ao seu destino, num outro caixão.

Um alvoroço da parte do público e da parte do Congresso era esperado. Supunha-se que o assassinato de Oswald trouxesse um fim a qualquer investigação. O culpado está morto, caso encerrado. Mas não foi tão fácil assim. A pressão para uma missão oficial de investigação era imensa. Eu sabia que uma comissão teria que ser formada para investigar o caso. Eu também sabia que essa comissão teria que ocultar a verdade e não encontrá-la. Isso causou um problema muito sério. Para que a comissão recebesse crédito, pessoas cujas integridades estavam acima de qualquer suspeita teriam que fazer parte da trama.

Tínhamos um trabalho muito difícil. Eu tive pelejas sérias e também tive que apresentar a evidência do envolvimento de Krushchev na trama. Fazer com que os membros da Comissão Warren, homens honrados, fizessem o trabalho de mascarar a verdade, ainda assim, não extinguia a ameaça de uma guerra nuclear.

A Comissão Warren levou muito tempo para fazer a investigação. Isso teve o objetivo de fazer com que a situação se acalmasse para garantir mais segurança. Nesse meio tempo, na União Soviética, o Politburo ficou sabendo o que tinha acontecido. O envolvimento da União Soviética no assassinato do presidente americano chocou os membros do Politburo porque eles tinham consciência das possíveis consequências, caso a verdade fosse conhecida.

Krushchev foi destituído do cargo de primeiro secretário do Partido Comunista e colocado em prisão domiciliar. O KGB se certificou de que ele não pudesse ter nenhum contato perigoso. Uma execução imediata foi arquitetada, pois o passar do tempo poderia trazer sérias suspeitas. Foi dado a Krushchev mais dois anos de vida em sua *datscha* quando, então, seu secretário do KGB o envenenou.

COMUNICAÇÕES MEDIÚNICAS DA FAMÍLIA KENNEDY 131

A Comissão Warren finalmente divulgou os principais achados e o assunto foi deixado de lado, pelo menos no que se referia ao governo. A ameaça de uma guerra nuclear tinha sido afastada.

Tudo isso aconteceu com um custo pessoal muito alto. Eu nunca superei o fato de que tive que conspirar para o assassinato do presidente dos Estados Unidos. Para tornar as coisas ainda piores, a Guerra do Vietnã estava fora de controle. Nesses períodos difíceis, eu não poderia e não teria sobrevivido sem minha esposa. Ela foi um pilar de força numa época caótica. Eu pretendia renunciar à presidência, mas ela me fez ficar até o final de meu mandato. Ela dizia: "Um homem eleito presidente dos Estados Unidos deve honrar a vontade do povo."

Eu não desejei concorrer a outro mandato. Meu tempo em Washington havia se transformado num pesadelo de inimagináveis proporções. Assim sendo, retornei ao Texas. Eu tinha esperança de que esse retorno me libertaria dos acontecimentos aterrorizantes da minha presidência, mas tal fato não aconteceu. Somente agora, que eu pude falar com você, o pesadelo terminou. Os pensamentos sobre o assassinato do presidente, as vítimas do Vietnã, os protestos em frente à Casa Branca e todos os eventos nocivos da minha estada em Washington, tudo isso, agora, está desaparecendo progressivamente da minha mente e eu estou soltando o maior suspiro de alívio que qualquer um jamais poderia soltar.

Esta foi uma comunicação muito difícil para nós dois. As diversões da sua vida em família, na realidade, foram-me úteis porque me proporcionaram a oportunidade de agrupar meus pensamentos enquanto você estava ocupado fazendo outra coisa.

As palavras não podem expressar minha gratidão por eu ter podido ditar esta comunicação. Um simples "obrigado" terá que ser suficiente, pois eu não consigo pensar em mais nada para dizer.

Se houver alguma coisa a mais que você queira saber, por favor, não hesite em perguntar. Eu ficarei muito feliz em fornecer resposta para qualquer uma das suas perguntas.

Lyndon B. Johnson

Robert Kennedy

John F. Kennedy ganhou as eleições com os votos dos sindicatos. Muitos temiam que esse acontecimento significasse indulgência para com o crime organizado. Quando ele nomeou seu irmão como procurador-geral, os eventos tomaram um rumo totalmente diferente. Robert Kennedy perseguiu o crime organizado com toda a força que tinha, o que significava dizer: com extrema força.

Tudo estava bem para os irmãos Kennedy, até que Robert Kennedy foi solicitado para um encontro com o vice-presidente Johnson e J. Edgar Hoover, diretor do FBI. Seu mundo se despedaçou quando ele soube que existia um contrato para matar o presidente Kennedy, seu irmão. Um contrato desse tipo significava uma sentença de morte. Somente uma pessoa poderia fazer um contrato para prejudicar o presidente dos Estados Unidos: Nikita Krushchev, primeiro-secretário do Partido Comunista da União Soviética.

Robert Kennedy voou para Moscou e tentou argumentar com Krushchev, mas a viagem não trouxe proveito algum. O contrato não poderia ser cancelado. Caso a verdade sobre o assassinato fosse descoberta, uma guerra nuclear seria a possibilidade mais temida. Para se certificar de que esse fato não aconteceria, o vice-presidente

Johnson aceitou as recomendações de Hoover em oferecer proteção aos conspiradores da parte do governo dos Eua.

A Cia teve a incumbência de preparar o local e protegê-lo após o assassinato. O Fbi ficou encarregado do acobertamento. O homem responsável por toda a operação era o procurador-geral, chefe da Cia e do Fbi, o irmão da vítima!

15 de dezembro de 2001

Bom-dia, eu sou a entidade espiritual Robert Kennedy, também conhecido como Bobby.

Há vários dias, você recebeu uma comunicação da entidade espiritual Lyndon B. Johnson. Finalmente, ele pôde falar sobre os eventos traumáticos de sua presidência e, assim, libertar-se das lembranças indesejáveis de uma época muito infeliz. Hoje, é minha vez de superar as sombras do passado, que ainda pesam sobre mim como um longo pesadelo arquitetado.

Praticamente nada é conhecido sobre minha participação nos eventos dramáticos que levaram à morte de meu irmão. Como um dos líderes do sexo masculino da família Kennedy, eu também fui um dos líderes do sexo masculino do clã da Serpente. Johnson explicou as conexões entre os tempos ancestrais e o presente. Portanto, pularei essa parte e irei concentrar-me nos eventos que desencadearam a morte de meu irmão e na época posterior.

Meu irmão Jack conquistou a presidência numa época em que a Guerra Fria estava preparada para se tornar uma guerra quente a qualquer instante. Seu maior desejo era impedir que esse fato acontecesse. Em sua própria mente, ele via repetidamente as imagens de uma cidade destruída por uma guerra nuclear. Ele via mortes horríveis e um inenarrável sofrimento dos sobreviventes, o que era ainda pior.

Jack me nomeou procurador-geral, o posto mais influente em sua administração. Porém, eu era mais do que procurador para ele. Eu era o conselheiro mais confiável, e ele, frequentemente, precisava de bons conselhos em quase todos os assuntos. Desde a nossa infância, nós nos complementávamos muito bem. Ele era o líder elegante; eu era o número dois, o homem cauteloso que assegurava que sua liderança seria secundada por bons conselhos e ações planejadas. Jack sabia disso e confiava muito em minha opinião e em meu apoio.

A ascensão de Jack ao poder não foi fácil. O fato de vir da Nova Inglaterra e ser católico constituía um grande obstáculo. Ele superou isso com a ajuda de uma improvável aliança com o cantor mais importante da época, Frank Sinatra. Frank e Jack se tornaram amigos íntimos. Frank adorava a companhia do político mais promissor e filho de uma das mais ricas e influentes famílias deste país. Jack tirava vantagens das conexões de Frank com o *show business* e a máfia. Ambos eram galantes e passavam bons momentos juntos.

Jack conseguiu a ajuda essencial dos sindicatos controlados pela máfia com o auxílio de Frank e, então, venceu as primárias. Fez uma dupla com Lyndon Johnson, que traria os votos necessários dos estados do Sul – o que Johnson fez. Foi uma vitória apertada, mas isso não importou. O que importou foi o fato de que o homem certo se tornou o presidente dos Estados Unidos na época em que isso importava.

Nixon era um oponente formidável, mas ele não poderia vencer uma força maior do que qualquer outra no Universo: a força de Deus, Todo-Poderoso. Essas eleições tinham que colocar Jack Kennedy na Casa Branca, porque ter Jack como presidente significava que a crise dos

136   RICH ANDERS

mísseis de Cuba poderia ser solucionada sem uma guerra nuclear. No Partido Republicano, os falcões eram tão poderosos que um conflito militar com Cuba e, consequentemente, com a União Soviética não poderia ser evitado. Somente depois que viemos para nossas vidas após a vida ficamos sabendo o quanto Deus, Todo-Poderoso, esteve empenhado nos resultados das eleições e nos eventos da crise dos mísseis de Cuba.

Jack solucionou o fim da crise dos mísseis de Cuba sem um confronto militar com a União Soviética. Com isso, ele evitou uma guerra nuclear e, possivelmente, a extinção da humanidade. Porém, teve que pagar um alto preço por esse episódio, porque Krushchev, o primeiro-secretário do Partido Comunista da União Soviética, sentiu-se profundamente humilhado. Ele jurou vingança e nada menos do que a morte de Jack bastaria.

Eu me vi envolvido numa situação muito séria. Eu estava muito consciente de que havíamos ganhado as eleições somente por causa da ajuda do crime organizado. Além disso, meu pai tinha feito fortuna com uma brilhante carreira criminal e nunca tinha sido preso. Para mim, esse fato era uma mancha na carreira de Jack e na minha. Eu fiquei ansioso para provar ao mundo que Jack e eu éramos homens honestos, que tínhamos o ardente desejo de dar o melhor de nós para nossos cargos, pelos quais tínhamos batalhado tanto.

Quando eu me tornei procurador-geral, muitos temiam o pior. Para a surpresa de quase todos, eu não me coloquei do lado dos criminosos. Com a aprovação de Jack, eu iniciei uma caça às bruxas contra os mafiosos como este país nunca havia visto. Não me importava se isso fosse um ato de ingratidão para com Frank Sinatra, que tinha arquitetado a ajuda dos gângsteres, os quais eu estava agora

COMUNICAÇÕES MEDIÚNICAS DA FAMÍLIA KENNEDY   137

processando. Eu estava tão obcecado com a minha cruzada contra o crime organizado, que desconsiderei o perigo da situação para com a vida de Frank Sinatra.

Com o passar do tempo, não era somente a vida de Frank que estava em perigo. Os mafiosos ficaram extremamente zangados, e o meu assassinato e o de Jack passaram a ser seriamente considerados. Nós nunca cogitamos essa possibilidade. Estávamos tão imersos nos projetos que idealizávamos para fazer deste mundo um lugar melhor, que Jack e eu ficamos cegos às ameaças contra nossas vidas. Nós havíamos chegado tão longe e de modo tão rápido que nos sentíamos invencíveis.

A maior ameaça para os Estados Unidos era a proximidade de um Estado comunista, Cuba. Fidel Castro governava a ilha com punhos de ferro e não havia praticamente nenhuma esperança de que uma revolução pudesse depô-lo. Nós fizemos planos de nos livrar dele por outros meios.

A invasão da Baía dos Porcos foi um desastre completo. No último momento, Jack decidiu contra o suporte aéreo que ele tinha prometido para os líderes dessa invasão e o exército de Castro, infelizmente, aniquilou os desventurados homens que haviam participado dessa empreitada. Jack tinha feito mais inimigos: Fidel Castro e os cubanos que se sentiram traídos.

O desastre da Baía dos Porcos não nos deteve. Outro plano foi elaborado para assassinar Fidel Castro. A CIA falhou totalmente e, então, nós tivemos uma ideia, que se tornaria um desastre completo para Jack. Nós montamos uma força-tarefa dentro da CIA, que trabalhou em conjunto com gângsteres, cujos cassinos haviam sido desmontados pelo governo comunista. Pensávamos que os gângsteres estariam ansiosos para eliminar Castro porque, desse modo, teriam seus cassinos de volta. Que pensamento ingênuo! Os mafiosos tinham conexões com o serviço secreto cubano. Eles não acreditaram que teriam a chance de assassinar Fidel Castro. Eles acharam que teriam muito mais chance de conseguir seus cassinos novamente se eles contassem ao serviço secreto cubano sobre o complô para matar Fidel Castro. A época não podia ser melhor para os gângsteres atingirem seu objetivo.

Krushchev, via KGB, tinha dado o aval a Castro para prosseguir com o plano para assassinar o presidente dos Estados Unidos. Compreensivelmente, Castro estava ansioso para aceder. Os mafiosos não conseguiram ter de volta seus cassinos, mas eles, literalmente, fizeram um contrato de outro tipo.

De volta aos Estados Unidos, os mafiosos cubanos fizeram contato com os mafiosos mais importantes desse país. Houve um encontro entre eles, e um contrato foi alegremente aceito, pois agora seriam pagos por alguma coisa que eles haviam planejado fazer de qualquer modo. Esse fato significou a sentença de morte para Jack, pois uma vez que um contrato é aceito, ele somente pode ser finalizado com o desaparecimento da vítima, que pode ocorrer de duas maneiras: a vítima é assassinada ou ela dá um jeito de escapar sem deixar rastros.

Os mafiosos imediatamente deram início ao plano para o assassinato. Para não deixar que nenhuma pista chegasse até eles, um assassino da Ilha de Córsega foi contratado. Porém, uma grande operação como o assassinato do presidente dos Estados Unidos requer não somente um planejamento, mas também preparações que não poderiam ser mantidas em segredo. Os informantes do FBI descobriram sobre o plano e J. Edgar Hoover, diretor do FBI, de repente, tinha uma situação muito perigosa e muito complicada em suas mãos.

Hoover imediatamente contatou o vice-presidente Johnson. O encontro aconteceu na Casa Branca, que não era distante do salão oval e da futura vítima, meu irmão, o presidente.

Johnson não era exatamente um admirador de Jack. A dupla havia sido formada por uma questão de conveniência e oportunidade, não por uma questão de mútua admiração, ou até mesmo por simpatia. Ainda assim, a notícia foi um grande choque para Johnson. Ele imediatamente soube a respeito das consequências desse plano audacioso. Johnson sabia que Castro possivelmente não teria se atrevido a desafiar os Estados Unidos com um plano para assassinar o presidente sem a permissão de Krushchev. A ameaça de uma guerra nuclear tinha sido evitada na crise dos mísseis de Cuba, mas, agora, essa ameaça havia sido ressuscitada.

Eu fiquei sabendo do plano após seu intento. Nada poderia ter-me atingido mais do que esse fato. Imediatamente, eu tomei consciência do que o plano significava. Meu irmão era um homem morto. Seus dias estavam contados.

Eu sabia que não existiria proteção suficiente para salvar a vida do presidente. Essa proteção teria que ser reforçada a tal ponto que teria ficado óbvio que alguma coisa muito séria estava sendo tramada. A verdade viria à tona mais cedo ou mais tarde com todas as possíveis e medonhas consequências. Jack, basicamente, teria que se retirar das aparições públicas, pior ainda, teria que desistir dos encontros sexuais dos quais ele precisava muito, e não havia nenhum modo de fazê-lo desistir deles.

Levou algum tempo para o choque diminuir. Johnson, Hoover e eu tivemos vários encontros para achar uma saída para essa terrível situação, que ameaçava não somente a vida de meu irmão, mas as vidas de todos os seres vivos no planeta. Uma tentativa de argumentação foi feita com Krushchev, que negou veementemente qualquer intento desprezível. Ele foi, inclusive, descarado o suficiente para oferecer ajuda do KGB. Krushchev realmente nos encurralou e se divertiu fazendo isso.

O assassinato não poderia ser evitado. Caso os gângsteres tivessem sido eliminados por constituírem uma ameaça, ainda haveria as várias mulheres com as quais Jack gostava de se consorciar. Qualquer uma delas poderia injetar nele uma dose letal de veneno após o encontro sexual. Foi chocante, principalmente para mim que sabia da galanteria de Jack, descobrir que ele compartilhava uma parceira sexual com Sam Giancano, um gângster famoso e amigo de Frank Sinatra, que tinha apresentado Judy Campbell aos dois homens.

Jack e eu havíamos crescido juntos, mas, ainda assim, eu não podia falar com ele sobre a ameaça à sua vida. Foi muito difícil manter em segredo o conhecimento da morte iminente.

Para resumir uma longa história: foi decidido que o único modo pelo qual uma guerra nuclear poderia ser evitada seria nunca deixar que alguém soubesse quem havia ordenado o assassinato. Meu irmão nunca poderia ser salvo, mas a sobrevivência da humanidade estava em jogo. Desse modo, o governo dos Estados Unidos ofereceu ajuda aos gângsteres para realizar o assassinato.

Os gângsteres ficaram assombrados e suspeitaram de uma armadilha. Somente quando os motivos para essa oferta lhes foram bem explicados, eles se deram conta do problema no qual haviam se envolvido e no qual haviam envolvido todo o mundo. A oferta de ajuda foi aceita e o assassinato foi planejado em conjunto. Para mim, essa foi a época mais difícil da minha vida.

Como procurador-geral, eu ocupava o cargo mais alto no Departamento de Justiça. A Cia e o Fbi foram as duas agências que coordenaram esforços para o evento, e eu fui o homem principal no comando da operação. Afirmar que esse fato foi um pesadelo de proporções inimagináveis ainda seria expressar uma afirmação suavizada diante de toda aquela situação. Até hoje, eu não sei como consegui prosseguir com a minha vida sem demonstrar meus sentimentos, sem perder a compostura, enquanto preparava o assassinato de meu irmão Jack.

Tanto quanto possível, muito poucas pessoas foram envolvidas nessa operação mais abominável que o governo dos Estados Unidos jamais empreendeu. Ainda constitui um milagre que o segredo das circunstâncias do assassinato do presidente dos Estados Unidos nunca tenha sido descoberto. Quando o dia da infâmia chegou, tudo estava preparado como havia sido cuidadosamente planejado e, então, a catástrofe aconteceu.

Os assassinos se posicionaram nos locais que lhes haviam sido determinados. Um dos assassinos se posicionou do outro lado da rua do depósito de livros escolar. Os outros dois homens estavam em posição num ponto mais abaixo da rodovia. Todos eles receberam instruções para não atirarem antes que o carro do presidente tivesse passado, a fim de que a trajetória da bala pudesse estar ligada ao local do depósito de livros onde Oswald, que havia sido cautelosamente colocado como bode expiatório, deveria estar na hora do tiro. Esse fato não aconteceu. O assassino, que estava no prédio do outro lado da rua, atirou antes do devido tempo e os outros assassinos também atiraram tão logo ouviram o tiro.

O tiro na cabeça do presidente, que imediatamente o matou, veio de frente. Hoover e seus homens tinham planos para qualquer eventualidade, mesmo para a pior das situações. Essa foi uma eventualidade com a qual tiveram que lidar.

Enquanto a CIA tinha preparado o assassinato e protegido a área durante o tiroteio, o FBI se encarregou do acobertamento dos fatos. O caixão foi retirado do avião e trazido para um recinto designado para recebê-lo. A cabeça de Jack foi posicionada de um modo que mostrasse o ferimento do tiro como tendo vindo de trás. O caixão original tinha traços de sangue e vestígios do cérebro de Jack. Isso poderia comprometer uma possível investigação posterior. Para evitar este problema, um caixão diferente foi usado dali em diante.

Foi uma época de muito estresse e máxima apreensão. Tanta coisa tinha dado errado! A ameaça de uma guerra nuclear pairava no ar e poderia tornar-se uma terrível realidade. O Congresso e a mídia exigiam uma investigação, e até mesmo a morte de Oswald não alterou a situação. Johnson teve que elaborar uma lista de jurados composta de homens honrados, que estavam acima de qualquer suspeita, para poder dar crédito ao resultado da investigação e conseguir o consequente acobertamento da verdade. Não foi uma tarefa invejável. Ficou provado que foi um trabalho extremamente difícil. Finalmente, os membros da Comissão Warren cumpriram seu dever patriótico e a ameaça de uma guerra nuclear foi afastada.

Qualquer um poderia dizer que tudo está bem quando acaba bem, mas essa afirmação não se aplica a mim. Eu nunca me recuperei do trauma de ter sido a pessoa que orquestrou o assassinato de meu irmão Jack. Além do mais, muitas vidas tiveram que ser destruídas para se ter certeza de que as testemunhas desse evento não pudessem dizer a verdade e, assim, inadvertidamente, causar

COMUNICAÇÕES MEDIÚNICAS DA FAMÍLIA KENNEDY   143

uma guerra nuclear. Eu senti uma depressão muito profunda, nem remédio nem aconselhamento puderam ajudar-me. Então, um pensamento começou a crescer, cada vez mais, em minha mente: eu tinha que me candidatar ao cargo de presidente dos Estados Unidos. Eu tinha que dar continuidade ao legado de Jack!

A decisão de concorrer para presidente era equivalente à decisão de cometer suicídio. A causa disso remonta à época no mundo anterior, quando os deuses do Egito praticamente possuíam este planeta. Jack e eu somos descendentes do deus egípcio Amon, que foi o homem mais rico e poderoso neste planeta antes da mudança de dimensão, que deu início ao mundo atual. Um pouco antes da mudança de dimensão, Amon foi assassinado por um membro do panteão teutônico chamada Freia. Esse fato estabeleceu um padrão de destino para os que descendiam de Amon, em relação às suas energias espirituais. Sempre que tais descendentes alcançam a posição mais alta num Estado, eles são assassinados.

Minha campanha ia muito bem. Ficou claro que o público endossava meu desejo de dar continuidade ao trabalho de Jack. Isso era um grande consolo para mim. De algum modo, eu sentia que estava compensando o que eu tinha feito, o que tive que fazer contra Jack. Bem, não era para ser assim.

Quando as balas dos assassinos tiraram minha vida, eu fui diretamente para o inferno, onde encontrei Jack. Eu estava sob tão grande estado de choque, que não sabia o que pensar ou o que fazer. Por essa ocasião, a liberação das energias positivas não havia acontecido ainda e meu ciclo de dor teve início imediatamente. Eu rememorei os eventos mais negativos da minha vida repetidamente, e esse ciclo vicioso sempre terminava com a lembrança do meu assassinato.

Enquanto estava vivo, eu não tinha medo de morrer porque não sabia o que estava para me acontecer. No inferno, eu sabia o que tinha acontecido e sabia do sofrimento que isso me causaria ao relembrar o fato. A cada ciclo de recordação e dor, o sofrimento se tornava mais intenso. Uma grande ajuda para essa terrível situação me foi dada por meu irmão Jack. Embora ele também estivesse preso em seu próprio ciclo de sofrimento, ele pôde dizer-me que compreendia o que eu havia feito. Ele me dizia que não havia nada para ser perdoado, e que ele próprio teria feito a mesma coisa, caso tivesse estado em meu lugar.

A declaração de Jack deu um fim às minhas maiores dores, mas nada pôde me libertar das lembranças das vítimas inocentes do assassinato em Dallas. Eu ficava pensando em todas as pessoas que foram mortas porque sabiam demais sobre o assassinato do presidente. Eu as sinto à minha volta no inferno, e sinto o sofrimento delas aumentar meu próprio sofrimento.

Quando a salvação chegou, minhas energias, com padrões positivos, foram separadas de todas as minhas outras energias. A partir do momento em que as energias positivas predominaram em meu padrão energético, eu não sofri mais, enquanto que minhas energias negativas continuaram a rememorar o ciclo vicioso de sofrimento. Quando o momento da libertação chegou, eu não estava preparado, como ninguém mais estava. Repentinamente, uma força incrível puxou-me para fora do inferno. Tudo aconteceu muito rápido, e eu cheguei com todas as outras energias com padrões positivos num lugar chamado Local de Espera de Partida para a Dimensão Positiva.

Onde estou não há sofrimento. Porém, mesmo aqui, as lembranças dos eventos trágicos continuam a me assombrar. Agora que eu pude falar sobre essas lembranças traumáticas, finalmente me sinto liberto. Como uma cápsula de tristeza rompendo-se à minha volta, eu me libertei de tudo o que estava me causando transtorno. Eu solto o maior suspiro de alívio jamais solto e me sinto bem agora.

Essa foi uma comunicação muito difícil e cansativa. Foi bom você ter feito pequenos intervalos, pois, assim, eu pude organizar meus pensamentos.

Muito obrigado por sua paciência e perseverança. Caso você tenha alguma pergunta, ficarei feliz por contatá-lo com as respostas.

Bobby Kennedy

Epílogo

Uma célula viva numa múmia foi trazida para este planeta. A partir dessa célula, cresceu um ser humanoide chamado deidade por seus criadores, os deuses. A deidade cresceu e tornou-se Amon, a divindade que se revoltou contra seus mestres, os deuses. Amon se tornou o homem mais poderoso neste planeta. Então, antes da transformação dos mundos, Amon foi assassinado.

Neste mundo, a história se repete. Jack Kennedy vivenciou seu destino cuja causa remontava ao tempo em que ele foi Amon. Ele ascendeu ao posto de homem mais poderoso no planeta. Ele foi assassinado antes da próxima transformação de mundos que ocorrerá.

Existe uma diferença importante entre Amon e Jack Kennedy. Amon fez um trabalho diabólico preparando situações espirituais para este mundo, de modo a torná-lo um mundo de violência. Jack Kennedy não vivenciou sua herança ancestral de cúmplice do diabo. Quando a crise dos mísseis de Cuba colocou o mundo à beira de uma guerra nuclear e a humanidade à beira da extinção, ele preferiu os caminhos da paz.

Jack Kennedy tinha renegado sua herança para estar ao lado de Deus, Todo-Poderoso, com o objetivo de preservar a paz. A morte violenta levou-o ao inferno, mas, estando lá, ele teve ainda que alcançar outra grande vitória: separar as energias espirituais positivas das energias espirituais negativas e, desse modo, permitir que toda a vida positiva no inferno escapasse desse local de terror, sofrimento e angústia.

A saga dos Kennedy estende-se desde o tempo da invasão deste planeta por extraterrestres até a vitória de Jack Kennedy sobre o princípio negativo, o demônio, no inferno. Jack Kennedy assegurou para si próprio um lugar na história do Universo e será lembrado e aclamado por gerações futuras que aqui estarão somente porque ele fez as escolhas certas.

Palavras finais

As circunstâncias que envolvem a morte do presidente Kennedy e o relatório da Comissão Warren criaram sérias dúvidas no público americano e na mídia. Os americanos nunca mais olharam para seu próprio governo do mesmo modo. A verdade foi substituída pela dúvida quando o relatório Warren apresentou uma conclusão na qual o povo não acreditou.

O público não entendeu e muitos ainda não entendem a razão pela qual homens tão honrados puderam distorcer os fatos de modo tão drástico. Houve muitas vítimas desse trágico evento em Dallas. Muitas pessoas tiveram que morrer porque elas poderiam comprometer a paz mundial. Os membros da Comissão Warren tiveram que apresentar um relatório que deixou sérias dúvidas sobre a integridade de seus membros. J. Edgar Hoover, Lyndon B. Johnson e Robert Kennedy tiveram que viver o resto de suas vidas com o trauma de terem feito algo contrário a tudo em que eles acreditavam e ao que defendiam.

Chegou a hora de o feito desses três homens corajosos, que contribuíram decisivamente para evitar um confronto nuclear, ser reconhecido. O objetivo deste livro é fazer com que o público perceba que, em conexão com o assassinato do presidente Kennedy, suas instituições governamentais realizaram sua tarefa mais difícil para proteger a nação, sob uma situação de extremo estresse, ainda que isso significasse crítica e culpa indevidas.

Coleção Completa da "Saga dos Capelinos"

Pesquisas históricas demonstram que, num curto período de 50 anos, surgiram, numa única região, invenções como o arado, a roda, as embarcações, e ciências, como a matemática, a astronomia, a navegação e a agricultura. Que fatos poderiam explicar tamanho progresso em tão pouco tempo?

Leia "A Saga dos Capelinos" e conheça a verdadeira história da humanidade.

H
HERESIS

Esta edição foi impressa pela Markpress Brasil Indústria Gráfica Ltda., São Paulo, SP, em novembro de 2013, para a Editora Bodoni, em formato fechado 160x230mm e com mancha de 115x185mm. O papel utilizado para o miolo foi o Offset Printmax 75g/m^2 e para a capa o Cartão Supremo Alta Alvura 300g/m^2. O texto foi composto em ITC Century BT. A programação visual da capa foi elaborada por Criativa Comunicação.